Cahiers libres

Mona Chollet, Olivier Cyran
Sébastien Fontenelle, Mathias Reymond

Les éditocrates

ou

Comment parler de (presque) tout en racontant (vraiment) n'importe quoi

La Découverte
9 *bis*, rue Abel-Hovelacque
75013 Paris

En couverture :

Philippe Val, Bernard-Henri Lévy, Jacques Attali, Nicolas Baverez, Ivan Rioufol, © BALTEL/SIPA
Alain Duhamel, © CAPMAN/SIPA
Jacques Marseille, © IBO/SIPA
Laurent Joffrin, © SOULOY FREDERIC/GAMMA
Alexandre Adler, © Corbis
Christophe Barbier, © Corbis

Si vous désirez être tenu régulièrement informé de nos parutions, il vous suffit de vous abonner gratuitement à notre lettre d'information bimensuelle par courriel, à partir de notre site

www.editionsladecouverte.fr

où vous retrouverez l'ensemble de notre catalogue.

ISBN 978-2-7071-5869-7

Introduction

Les fabricants du consentement : voyage en éditocratie

par Sébastien Fontenelle

Les éditocrates font partie de nos vies. Ils sont un élément familier de notre environnement quotidien, comme les placards publicitaires sur les murs de nos rues, ou les platanes au bord de nos routes. Avec, cependant, cette différence de fond que les affiches et les platanes ne parlent pas. Les éditocrates, si.

Ils parlent même tout le temps, du matin au soir, du soir au matin, du lundi au dimanche. Et partout : dans la presse écrite, à la télévision, à la radio, sur Internet. Ils ne se taisent jamais : c'est à cela, aussi, qu'on les reconnaît. Quiconque a fait le pari un peu fou de traverser toute une semaine sans se cogner sur Jacques Attali ou Bernard-Henri Lévy à tous les coins de médias sait, pour avoir fait là l'amère expérience de l'échec, qu'un tel défi est impossible à relever.

Ils font partie du paysage, et certains sont là depuis très, très, *très* longtemps : on est pris de vertige, quand on réalise que l'homme n'avait pas encore marché sur la Lune quand Alain Duhamel a écrit sa première chronique, en… 1963.

Loin – très loin – des contingences des petites mains du journalisme, les éditocrates se sont érigés en crème de l'aristocratie médiatique, en élite au sein de l'élite, soigneusement cadenassée. Où l'on n'entre que par cooptation, après avoir montré patte blanche. Après s'être coulé dans le moule d'une complète adhésion aux dogmes de l'époque. Après avoir pieusement psalmodié, parmi d'autres mantras, qu'il n'y a aucune alternative à la loi absolue du marché – celle du renard libre dans le poulailler de la concurrence « libre et non faussée »...

Car on ne naît pas éditocrate. On le devient à force d'application, au prix de l'abandon de toute velléité de penser par soi-même et d'une soumission absolue à l'air du temps. L'itinéraire d'un Philippe Val, passé en quelques années de la direction de l'hebdomadaire satirique *Charlie Hebdo*, où il moquait avec délectation les « amis de Bernard-Henri » (Lévy), à celle de France Inter, où il se compte au nombre des bons amis de « Bernard-Henri », est à cet égard exemplaire.

Omniscients, les éditocrates ont un avis sur tout (et l'obsession de le faire partager au plus grand nombre). Ils peuvent, avec la même assurance, disserter un jour de la crise financière – péripétie incontestablement regrettable, mais qui ne saurait au fond remettre en question l'excellence du modèle capitaliste –, puis le jour d'après de la disparition de Michael Jackson ou de l'urgente nécessité d'économiser l'eau du robinet, puis encore, le surlendemain, de la guerre d'Afghanistan – d'où les troupes d'occupation de l'OTAN ne sauraient se retirer sans exposer l'Occident à de pénibles périls.

Interchangeables, les éditocrates parlent surtout d'une seule et même voix, pour dire tous (presque) la même chose.

Et pour cause : par-delà d'éventuelles nuances dans l'expression de leurs opinions – question de forme –, ils sont, au fond, d'accord sur (presque) tout, dans un unanimisme qui transcende les appartenances politiques. Quand l'un, Laurent Joffrin (de *Libération*), dénonce par exemple l'« État obèse », un autre, Ivan Rioufol (du *Figaro*), prétendument calé à l'autre extrémité de l'échiquier politique, fustige quant à lui l'« État-mamma ». En vrac, ils stigmatisent le « modèle social français » (évidemment) coûteux et inefficace, les « privilèges » de toutes sortes (surtout ceux des fonctionnaires) – et gémissent, dès que sa population met un bout d'orteil dans la rue, que la France, rongée par d'ancestrales passions révolutionnaires, est « impossible à réformer ».

Ils se répondent, dans un même chœur, pour déplorer des entraves à l'esprit de libre entreprise qui n'existent que dans leurs imaginations.

Et ainsi de suite : quand l'un, Nicolas Baverez, qui a conseillé Nicolas Sarkozy, observe, choqué, que le Parti socialiste français « n'a pas fait son Bad Godesberg [1] », un autre, Bernard-Henri Lévy, qui a conseillé Ségolène Royal, déclame, comme en écho, qu'il faut pour le Parti socialiste français, « plutôt vite que tard, [...] un vrai Bad Godesberg, un Bad Godesberg bien solennel [2] ».

Et tous de tomber d'accord, à l'heure où le chef de l'État français – Nicolas Sarkozy, tel qu'en lui-même – juge qu'il y a tout de même « trop de musulmans en Europe [3] », pour

1 *Le Point*, 16 décembre 2004. Bad Godesberg est le nom du congrès du Parti social-démocrate allemand, qui décida sa rupture avec le marxisme en 1959.

2 Bernard-Henri Lévy, *Ce grand cadavre à la renverse*, Grasset, Paris, 2007.

3 Comme l'a révélé le 14 novembre 2007 sur son blog Jean Quatremer, journaliste à *Libération* (<http ://bruxelles.blogs.liberation.fr>).

considérer que l'islam pose en effet de sérieux problèmes à l'Occident. Ce qui leur donne souvent l'occasion de tirer la « sonnette d'alarme » et de clamer à tout bout de champ que « la République est menacée par le communautarisme ». Frissons garantis...

Bien évidemment : les éditocrates s'érigent en prétendus « briseurs de tabous », en courageux pourfendeurs du « politiquement correct » et de la « pensée unique », alors même qu'ils sont les plus éminents représentants du conformisme intellectuel et politique le plus étroit.

De fait, par une permanente réinterprétation des mêmes psaumes, par la récitation, jour après jour, des mêmes vraies-fausses évidences, par le développement obsessif des mêmes clichés mensongers, ils fabriquent, en permanence, du *consentement*[4] : ils entretiennent un public captif dans la résignation, dans l'acceptation passive d'un système où le salarié ne trouve pas forcément son compte, mais dont eux-mêmes n'ont, certes, guère à se plaindre.

Pour ce faire, ils biaisent continuellement la réalité, la tordent et la contrefont au besoin, pour mieux la faire entrer dans leur cadre idéologique : les éditocrates tiennent le fait vrai pour quantité négligeable. Mais ils sont leurs propres arbitres et jouissent par conséquent d'une totale impunité. Ils peuvent donc, très librement, raconter n'importe quoi, se ridiculiser même, lorsque, découvrant soudain les menus travers du capitalisme financier, ils font mine de brûler – à très petit feu, il est vrai – ce qu'ils ont toujours adoré : jamais cela ne les disqualifie. Puis ils ont pour eux cet atout, qui les protège des affres du doute : ils ne connaissent pas la honte.

---

4 Noam Chomsky et Edward Herman, *La Fabrication du consentement. De la propagande médiatique en démocratie*, Agone, Marseille, 2008.

De sorte qu'ils continuent à « donner le la » du prêt-à-penser médiatique.

On trouvera, dans les pages qui suivent, les portraits de dix de ces folkloriques personnages. D'autres que ces dix-là (point si nombreux toutefois, tant l'éditocratie est concentrée) auraient certainement eu toute leur place dans cette galerie. Comme Jacques Julliard, du *Nouvel Observateur*, minutieux artisan autrefois de la « deuxième gauche », devenu le témoin consterné (mais consentant) de la débâcle entraînée par le ralliement au marché des socialistes. Ou l'inévitable Alain Minc, rescapé de tout, ami autoproclamé des grands et des puissants, qui se présente, sans rire, comme le « dernier marxiste » de France. Et quelques autres encore : l'inimitable Alain-Gérard Slama. L'inénarrable Bernard Guetta. La pétulante Caroline Fourest. Liste non exhaustive...

Mais dix faisaient un compte rond et, on l'espère, une divertissante photographie du pays des faiseurs d'opinion.

Alain Duhamel, le cardinal des éditocrates

par Olivier Cyran

Si l'insignifiance avait un visage, on lui donnerait spontanément celui d'Alain Duhamel. Depuis 1963, année de sa première chronique dans *Le Monde* – il avait 23 ans –, le commentateur politique le plus increvable du pays accomplit jour après jour le miracle de la photosynthèse : il absorbe l'air du temps et le restitue en vapeurs d'ennui. Les mimiques survoltées qui accompagnent ce dégazage ont épuisé trois générations de téléspectateurs. Les yeux roulent, les naseaux fument, la tête oscille dans une illusion de frénésie qui souligne plus qu'elle ne camoufle la fadeur du verbe.

Mais cette gestuelle de moulin à vent monté sur ressorts ne signifie pas que Alain Duhamel ne brasse que de l'air, ou que l'air qu'il brasse ne soit pas sans conséquence. « L'expression “pensée unique” a fait florès, notait en 2005 le journaliste Serge Halimi. Mais elle perd nombre de ses parrains supposés quand on la définit avec précision. Pensée molle ou pensée dure, jamais pensée forte ou généreuse, elle est d'autant plus pesante que, comme les pires orthodoxies, elle ne se prétend pas doctrine. À l'instar des lois physiques, climatiques et biologiques, elle se proclame vérité [1]. » Depuis presque un demi-siècle, la vérité d'Alain Duhamel épouse les reptations de la pensée unique. Le pacte qui les lie explique la stupéfiante incontinence du commentateur en même temps que sa prodigieuse longévité.

« J'ai bâti ma carrière sur les cumuls et j'ai bonne conscience »

Alain Duhamel inaugure son règne au début des années 1970, quand il fait ses classes d'animateur dans l'émission « À armes égales » sur Antenne 2. L'époque n'est pas encore au matraquage monocorde, mais la télévision fait office de précurseur. Déjà, les pôles du « débat » duhamélien encadrent un territoire intellectuel aux dimensions d'un bavoir de notaire. S'y affrontent le giscardisme dur et le pompidolisme mou et, parfois, l'inverse.

En 1974, le gloseur connaît sa première consécration : il anime le débat télévisé du second tour de l'élection présidentielle, qui oppose Valéry Giscard d'Estaing à François Mitterrand. Son giscardisme béat lui vaut les faveurs des autorités, qui lui attribuent un mandat audiovisuel à vie. On le retrouvera vingt ans plus tard à l'élection présidentielle de 1995, exerçant la même fonction d'arbitre entre Lionel Jospin et Jacques Chirac. Entre-temps, Alain Duhamel est devenu barriste, balladurien, jospinien, chiraquien, bayrouiste, sarkozyste, etc. Il officie à « Cartes sur table », à

1 Serge Halimi, *Les Nouveaux Chiens de garde*, Raisons d'agir, Paris, 2005.

« L'Heure de vérité », à « 100 minutes pour convaincre » et à « Question ouverte », toutes programmées sur la deuxième chaîne de télévision publique. Sans oublier « Le Grand Journal » de Canal Plus, où il trépigne chaque vendredi pour « donner son avis sur l'actualité politique ».

La tutelle qu'il exerce sur les plateaux met rarement sa carrière en danger. Toujours mielleux avec les hommes de pouvoir qui devancent ses désirs de « modération » et de « réforme », l'animateur se transforme en teigne dès qu'un invité moins influent s'écarte des clous du débat. Pierre Juquin en a fait l'expérience : gourmandé sans cesse par un Duhamel écumant et bondissant, l'éphémère candidat néo-communiste à l'élection présidentielle de 1988, pourtant pas né de la dernière pluie, n'a presque jamais réussi à finir une phrase. Sa comparution à « L'Heure de vérité » précipita son départ à la retraite.

Alain Duhamel dodeline également à la radio, d'abord sur Europe 1 et sur France Culture, puis sur RTL, où il sonne les mâtines chaque jour ouvrable en touillant avec véhémence sa tisane. Laquelle inonde aussi la presse écrite. Qu'ils soient de droite ou qu'ils se disent de gauche, des journaux autrefois rodés aux plumes de polémistes aiment à présent se bercer dans le roulis balladurien. Alain Duhamel s'y sent comme chez lui. Ses chroniques inodores s'étalent le jeudi dans *Le Point*, le vendredi dans *Libération* et le reste de la semaine dans *Le Courrier de l'Ouest, Presse-Océan, L'Éclair, Le Maine libre, Vendée Matin*, etc.

Ce pilonnage n'empêche pas Duhamel de débiter aussi des livres. On en recense une quinzaine depuis 1980, calibrés au rythme d'une parution par année impaire. On raconte que ses éditeurs (successivement Grasset, Gallimard, Flammarion et Plon) doivent régulièrement affréter des trains de marchandises pour écouler ses stocks d'invendus. Impossible pourtant de réfréner sa parlote. Car on peut toujours compter sur elle pour déplorer le « désarroi » qui empêche la France d'embrasser à pleines lèvres les bienfaits de l'Europe néolibérale, comme il l'explique fin 2003 dans un livre inoubliable, *Le Désarroi français* [2].

La production duhamélienne permet en outre aux confrères et amis de l'essayiste d'alimenter leur propre logorrhée. Franz-Olivier Giesbert, le patron du *Point*, obtient en 2003 une émission littéraire sur France 3 (« Culture et dépendances ») pour célébrer les livres qu'il n'a pas lus ? Ceux de Duhamel, chroniqueur au *Point*, seront louangés en premier [3]. Alain-Gérard Slama est en panne pour sa chronique du *Figaro* ? Le dernier opuscule de son prolifique compère arrive à point nommé : « Alain Duhamel est unique. [...] Peu auront, autant que lui, contribué à remettre en cause les vulgates qui, répandues dans les médias, abusent les acteurs sociaux et pervertissent le fonctionnement

---

2 Alain DUHAMEL, *Le Désarroi français*, Stock, Paris, 2003.

3 Ce qui donnera, le 8 octobre 2003 sur le plateau de « Culture et dépendances », un affrontement d'anthologie entre ces deux géants de l'éditocratie française que sont Alain Duhamel et Nicolas Baverez (comme l'a rapporté, de façon fort drolatique, le journal *PLPL* – première version du *Plan B* –, n° 17, décembre 2003). En septembre, un mois avant la parution de l'opus de Duhamel, *Le Désarroi français*, Baverez avait en effet publié le sien, vite devenu un best-seller : *La France qui tombe*. La bagarre entre les deux larrons, invités par leur complice Giesbert, fut sanglante : pour Baverez, la France « tombe » parce qu'elle n'a pas fait assez de « réformes » thatchériennes ; pour Duhamel, la France n'est pas tout à fait « tombée » parce qu'elle a déjà entrepris quelques « réformes » thatchériennes.
Verbatim. Giesbert : « C'est un événement, parce que je crois qu'on n'a jamais vu ça à la télévision : Alain Duhamel en colère comme ça... » Duhamel à Baverez : « Vous nous bombardez de centaines de chiffres que d'ailleurs on connaît, puisque ce sont ceux qui sont dans les journaux. » Giesbert : « Vous citez les mêmes... » Duhamel : « Franz, ne me racontez pas qu'il y a autant de chiffres dans mon livre que dans le sien, parce que ça n'est pas vrai. » Giesbert : « Y en a beaucoup aussi... » Duhamel (furieux) : « Non ! Non ! Ça n'est pas vrai ! Y en a pas beaucoup. » Puis, se tournant vers Baverez : « Y a pas d'âme [dans votre livre] ! Y a pas l'âme de la France dedans ! »

de la démocratie [4]. » Car nul ne l'ignore au *Figaro*, Duhamel rime avec rebelle.

L'intéressé accueille ces éloges avec modestie : « On ne dure pas si l'on est mauvais. J'ai bâti ma carrière sur les cumuls et j'ai bonne conscience : ceux qui en sont capables maîtrisent bien leur métier. Il y a des avocats qui ont plus de dossiers que d'autres, des médecins plus de malades. Moi, c'est pareil. » Le propos date de 1981 [5]. Presque trois décennies plus tard, le cumulard n'a rien perdu de sa « maîtrise » ni de son entregent. Au cas où ses jetons de présence dans les médias, l'édition, les antichambres ministérielles et les buffets de Saint-Germain-des-Prés ne suffiraient pas à la remise à jour de son carnet d'adresses, il s'est déniché très tôt un poste d'enseignant à Sciences Po. Cette sinécure l'autorise non seulement à recycler ses chroniques écornées, mais aussi à rajeunir son bottin mondain. De la rue Saint-Guillaume sortent en effet la plupart des journalistes, politiques et fabricants d'élixirs qui composent le terreau social du commentateur. « Avec Alain [Duhamel], on se connaît depuis vingt ans. Il a même été mon examinateur à Sciences Po. Alors c'est dire que c'est une vieille camaraderie », expliquait la journaliste vedette Anne Sinclair en 1996 [6].

Il est vrai que, sur le plan de la camaraderie, Alain se laisse rarement prendre en défaut. Les petits services promotionnels qu'il rend à ses collègues de bureau sont innombrables [7]. Le 24 avril 2008, par exemple, il salue dans *Le Point*

---

4 *Le Figaro*, 5 janvier 1995.

5 Cité *in* Hervé Hamon et Patrick Rotman, *Les Intellocrates. Expédition en haute intelligentsia*, Ramsay, Paris, 1981 (cité par Serge Halimi, *Les Nouveaux Chiens de garde*, *op. cit.*).

6 « Télé dimanche », Canal Plus, 25 février 1996.

7 Comme en témoigne la rubrique « Connivences et complaisances » du journal *Le Plan B*.

le dernier livre « enlevé et audacieux » de Michel Richard, directeur adjoint du... *Point*. Un mois plus tard, le 22 mai, il ovationne un ouvrage « direct, vigoureux, vivant mais sérieux, précis et réfléchi » de Bertrand Delanoë et Laurent Joffrin, directeur de *Libération* et employeur d'Alain Duhamel (qui y tient une chronique hebdomadaire). Lequel remettra le couvert l'année suivante pour ovationner un énième essai de Joffrin sur la « modernisation » de la gauche, qualifié de « réflexion pugnace, réaliste et donc cruelle[8] ». Deux semaines plus tôt, il acclamait le « pessimisme souriant » d'Alain Minc[9]...

L'unique embardée d'un parcours irréprochable

La camaraderie est un investissement peu coûteux mais souvent utile, surtout par gros temps. Car même un vieux sage biberonné au giscardisme n'est jamais à l'abri d'un coup dur. En novembre 2006, alors que s'échauffe la campagne pour l'élection présidentielle de mai 2007, Duhamel avoue devant les étudiants de Sciences Po qu'il envisage de voter pour François Bayrou[10]. Une caméra enregistre la scène. Patatras ! Les images de l'« outing » se retrouvent quatre mois plus tard sur le Web, où elles déclenchent une de ces tempêtes dans un verre d'eau dont les médias raffolent.

---

8 *Le Point*, 29 mars 2009.
9 À propos de son ouvrage, *Dix Jours qui ébranleront le monde*.
10 Au cours de son exposé, Duhamel a tout de même pris soin de désapprouver le « ton » de la campagne de Bayrou, en particulier ses attaques contre les médias.

Pendant quelques jours, une âpre controverse agite le microcosme : un animateur de débats électoraux est-il fondé à exprimer ses préférences électorales ? Question burlesque si l'on considère le parti pris unanime – contre les grèves, contre les archaïsmes, contre les fonctionnaires, contre les chômeurs fainéants, contre le « laxisme de la justice envers les jeunes délinquants », etc. – dont se régalent les éditocrates des plateaux télévisés, Alain Duhamel le premier. Celui-ci connaît mieux que personne le code déontologique de sa profession, lequel autorise à applaudir les réformes exigées par le Medef, mais interdit d'identifier nommément le champion que l'on juge le plus à même de faire triompher ces réformes.

Pour avoir négligé ce code le temps d'une conférence, Duhamel met la direction de France 2 dans l'embarras. À sa décharge, l'homme a presque soixante-dix ans et sa mémoire lui joue des tours. Giscard, Barre, Balladur, Juppé, Jospin, Raffarin et maintenant Bayrou... Le cortège de ses idoles passées se bouscule sous son crâne. Qui peut en vouloir à un suiveur de continuer à suivre ? Mais ses employeurs ne badinent pas avec le règlement. Leur sentence est implacable : les téléspectateurs de l'émission « À vous de juger » seront privés de Duhamel jusqu'au jour du scrutin.

À y regarder de plus près, la décision de la chaîne ne paraît pas d'une cruauté sauvage. Elle ne jette pas son employé sur la paille – il conserve ses émoluments, sa place de parking et son accès à la cantine – et lui accorde un peu de répit pour peaufiner ses cours, ses chroniques et ses bouquins. La profession pourtant voit dans cette suspension de quelques semaines une nouvelle affaire Dreyfus. Les témoignages de solidarité affluent, de la part non seulement des vieux camarades mais aussi des nouveaux compagnons.

Dans *Charlie Hebdo,* Philippe Val – qui donne la réplique à Alain Duhamel sur le plateau du « Grand Journal » de Canal Plus – s'insurge contre la « Kommandantur » d'Internet et apporte son vibrant soutien à l'ami Alain, un « type marrant », précise-t-il en connaisseur [11]. Dans *Marianne,* Jean-François Kahn, pourtant rival en centrisme de l'animateur, fait valoir combien « il est évident que cette fois nous sommes totalement solidaires d'Alain Duhamel ». Le martyre du politologue révélerait la « mise en coupe réglée des médias » par l'appareil sarkozyste, même s'il est vrai, concède Kahn, que les éditoriaux d'Alain Duhamel, « depuis quelque temps, évoluaient plutôt vers une préférence pour Nicolas Sarkozy [12] ».

Que ses partisans se rassurent : le damné de la terre n'a pas succombé à sa mésaventure, qui restera l'unique accroc d'un parcours par ailleurs irréprochable. Que Duhamel se prenne d'affection pour Sarkozy quelques semaines seulement après avoir exprimé sa tendresse pour Bayrou témoigne à cet égard d'un salutaire esprit de résilience.

S'il pardonne aisément à sa hiérarchie, le politologue « rebelle » garde en revanche un chien de sa chienne aux petits malins qui se sont payé sa tête sur Internet. Envers ceux-là, pas de pitié : sa vengeance sera terrible. Deux ans et demi durant, le justicier va ronger son frein. Jusqu'en septembre 2009, lorsqu'une vidéo circulant sur le Web montre le ministre de l'Intérieur, Brice Hortefeux, en train d'exprimer en joyeuse compagnie son point de vue sur les Français d'origine maghrébine. Enregistré par une équipe de la chaîne Public Sénat, puis mis en ligne par le site Web du

---

11 *Charlie Hebdo*, 14 février 2007.
12 *Marianne*, 15 février 2007.

Monde, le trait d'esprit du chef de la police – « Quand il y en a un, ça va. C'est quand il y en a plusieurs qu'il y a des problèmes » – déclenche une brève mais vive polémique.

Alain Duhamel s'en empare. Non pour s'étonner qu'un ministre régalien tienne des propos ouvertement racistes, mais pour fustiger l'ignominie des internautes qui ont visionné, relayé ou commenté la séquence. Tel un prêcheur de l'Apocalypse, Alain bondit sur son tabouret – en l'occurrence, sa page hebdomadaire dans *Libération* – et débonde sa fureur trop longtemps réprimée : « Dans l'affaire Brice Hortefeux, il n'y a qu'une victoire, celle des vidéos, et qu'un triomphe, celui d'Internet. Une fois de plus, la Toile a imposé son règne. Désormais, il se trouve toujours une caméra, un mobile, un appareil numérique pour saisir une scène, pour enregistrer une séquence ou une phrase, pour intercepter un geste, une mimique, un mot, un regard. [...] Dès que la photo, la séquence ou la boutade se retrouve sur Internet, c'est aussitôt la fièvre, la théâtralisation, la contagion, la dénonciation, le scandale, la polémique. La mince cloison entre vie privée et vie publique s'est effondrée. [...] La vidéo se rue sur Internet et déferle sur l'information, sans réflexion, sans recul et sans frein. C'est de l'information sauvage, du journalisme barbare, de la traque totale. Cela vise et touche indifféremment coupables et innocents, politiques et citoyens. [...] La vidéo des amateurs démontre qu'une prouesse technologique peut tourner au désastre éthique et mental [13]. »

« Désastre éthique et mental » ? La formule n'est pas inappropriée. Inutile en effet de rappeler à Alain que le site du *Monde* – haut lieu de « barbarie » comme chacun sait – a

13 *Libération*, 17 septembre 2009.

diffusé la séquence litigieuse parce qu'elle avait été préalablement interdite d'antenne par la direction de Public Sénat. Inutile de lui souffler à l'oreille que les saillies anti-arabes d'un ministre ne relèvent pas strictement de sa « vie privée », surtout quand ce ministre est en charge de la force publique – une force à laquelle les populations visées par ses bons mots sont un peu plus fréquemment exposées que les chroniqueurs de *Libération*. L'épisode Bayrou a laissé un souvenir si cuisant à Alain Duhamel que rien ne peut l'arrêter dans son identification à Brice Hortefeux. Sainte solidarité entre personnages publics pris la main dans le pot de confiture...

Enfoncer les clous de la « réforme »

Entre-temps, cependant, Alain a continué à faire du Duhamel. Coïncidence heureuse, sa reconversion sarkozyste est intervenue au moment où plus rien ne semblait pouvoir contrarier la marche victorieuse du candidat de l'UMP. Ce dernier une fois à l'Élysée, l'animateur revenu sur France 2 a aussitôt réajusté son élastique. Le nouveau chef de l'État n'a rien de plus pressé que de régaler les grandes fortunes en friandises fiscales et de supprimer le régime de retraite des salariés de la SNCF ? Alain Duhamel approuve. Mais il s'inquiète : la « réforme » ne lui semble pas assez brutale. Son impatience de voir disparaître le régime spécial des cheminots est si grande que, le 6 novembre 2007, il explose au micro de RTL : « Non, non, il [le gouvernement] ne peut pas céder sur le principe des régimes spéciaux de retraite ! [...] Ça n'est pas possible ! » Même un élève de CM2 comprendrait que personne à l'Élysée n'a songé une seconde à « céder ». Nicolas Sarkozy a promis de se faire la main sur les cheminots, c'est une priorité « symbolique » qu'il imposera par la force des baïonnettes si nécessaire, par la pédagogie journalistique de préférence.

Mais, pour un commentateur chevronné, suggérer l'existence d'un atermoiement, indice d'une faiblesse coupable à l'égard d'une « corporation crispée sur ses acquis », constitue un bon ersatz de posture critique. Cela permet à Alain Duhamel d'enfoncer le clou de la réforme avec une vigueur décuplée. « La tentation, poursuit-il sur RTL, c'est de comparer tout de suite ce qui va se passer avec ce qui s'était passé lors des fameuses grèves de 1995, qui avaient eu lieu également au bout de six mois du début d'un mandat présidentiel, qui avaient déjà concerné les régimes spéciaux de retraite, avec déjà la SNCF qui était en pointe. En réalité, je crois que les choses sont assez différentes. Depuis cette époque-là et depuis ce qui avait été les plus grandes grèves d'Europe depuis vingt ans, l'opinion publique a évolué : on a pris conscience du fait que, malheureusement, il était inéluctable d'allonger la durée de cotisations. »

« Malheureusement » ? La langue d'Alain Duhamel a dû fourcher : c'est « Dieu merci et grâce à nous » qu'il voulait dire. Car si l'allongement du temps de travail peut désormais se vendre pour « inéluctable », c'est bien parce que le petit personnel duhamélien, assemblé depuis vingt ans en service après-vente de la « réforme », a écarté d'emblée toute option alternative. Taxer le capital et les profits ? Baisser l'âge de la retraite pour endiguer le chômage et accroître les recettes des cotisations sociales ? Ou encore, comme l'a suggéré le collectif Acrimed, prélever une taxe sur chaque passage d'Alain Duhamel dans les médias, ce qui permettrait du même coup de rembourser la dette publique et de combler le trou de la Sécu ? Aucune de ces pistes prometteuses n'a jamais été mentionnée par les professionnels du « débat », sauf pour disqualifier les rares contradicteurs qui osaient s'en faire l'écho [14].

Ce serait toutefois lui faire beaucoup d'honneur que d'accorder à un journaliste politique un pouvoir de nuisance décisif. Les « fameuses grèves de 1995 » évoquées par Duhamel – avec le faux recul du vétéran rescapé de toutes les Bérézina – ont certes révélé la « puissance du conditionnement idéologique que les médias nous infligent », mais aussi la « possibilité d'y faire échec [15] ». La mobilisation de l'état-major médiatique en soutien à la réforme Juppé n'avait pas empêché en effet des centaines de milliers de salariés de se mettre en grève, ni des millions de citoyens de descendre dans la rue.

Furieux, Duhamel ne put que mesurer son impuissance : « La France est saisie d'une grand fièvre collective qui sert de déversoir et de purge aux colères, aux peurs et aux frustrations », sans compter évidemment les « rites et liturgies d'une société archaïque », ses « débordements et maximalismes [16] ». Il bredouilla ensuite son incompréhension sur Europe 1 : « Juppé à l'Assemblée, quand il avait présenté son plan le 15 novembre, l'avait bien présenté et avait été salué par tout le monde, y compris la presse de gauche le lendemain [17]. » Par « presse de gauche », le malheureux commentateur entendait sans doute *Libération*, l'un de ses

---

14 À propos du matraquage sur les retraites, lire notamment Denis Perais, « Régimes spéciaux : journalistes ou attachés de presse du gouvernement ? », <www.acrimed.org>, 14 novembre 2007.

15 Serge Halimi, « Mouvement social et journalisme de marché », *Politique, la revue*, n° 2, octobre 1996 (texte consultable sur le site du *Plan B*, <www.leplanb.org>).

16 *Le Point*, 9 décembre 1995.

17 Europe 1, 10 décembre 1995.

« déversoirs » à chroniques, qui avait effectivement titré au lendemain du 15 novembre : « Juppé l'audace ».

Aussi dévoués que soient ses porte-parole, la pensée unique n'opère pas toujours. Mais, dans les périodes de l'histoire où elle touche à son but, les dirigeants peuvent soupirer d'aise à la manière d'un Jacques Chirac : « Les journalistes politiques, ça a du bon [18]. »

18 Cité par *Le Figaro*, 19 avril 2005.

Bernard-Henri Lévy ou la vérité à distance

par Sébastien Fontenelle

Bernard-Henri Lévy, *alias* BHL – « Bernard », pour les intimes –, n'est pas seulement un « néophilosophe concocté sous Giscard [1] ». Il est aussi, d'après Wikipédia, « écrivain, romancier, essayiste, metteur en scène de théâtre, acteur, producteur, cinéaste, homme d'affaires ». Enfin, il est journaliste. Bloc-noteur au *Point*, propriété de son ami le milliardaire François Pinault (les amis de Bernard sont rarement des smicards), il donne, semaine après semaine, son avis sur à peu près tout et n'importe quoi – le nourrissant, toujours, de sa réflexion de philosophe confirmé.

1 Guy Hocquenghem, *Lettre ouverte à ceux qui sont passés du col Mao au Rotary*, Albin Michel, Paris, 1986.

Un audacieux touche-à-tout

Lorsque par exemple « des ouvriers qui [...] voient leur usine fermer, se délocaliser, ou, *simplement*[2], licencier en masse » ont l'excessif aplomb de séquestrer – brièvement – leur(s) patron(s), Bernard invite sèchement « les apprentis sorciers [...], les irresponsables qui, comme Olivier Besancenot, voient dans la séquestration une lutte des classes, [à] méditer [...] l'irrésistible enchaînement qui mène de la "compréhension" pour les formes sauvages de la colère sociale à la célébration, étape par étape, de la délation, de la terreur dans les mots et, un jour, à Munich, du passage à l'acte et au sang[3] ». Et certes : cette audacieuse suggestion que la désespérance des travailleurs est un prélude à l'hitléro-trotskisme peut sembler un peu outrancière. Mais Bernard se montre volontiers affirmatif lorsqu'il s'agit de prendre la défense du modèle libéral : au mois d'octobre 2008, en pleine « crise financière », il concède ainsi – ça ne mange pas de pain – qu'« on frôle le gouffre », mais il voit aussi dans cet « événement colossal » un signe (fort) de l'admirable vigueur démocratique du capitalisme, « drôle de machine carburant à la crise [...] autant qu'à la performance » et, partant, « la preuve que le système est toujours vivant[4] ». Ouf !

Dix mois plus tard, BHL, à qui rien de ce qui fait l'actualité ne peut rester longtemps étranger et qui sait parler de tout, disserte, après le décès de celui que les médias nomment le « roi de la pop », sur les « trois stations du calvaire de

2 C'est moi qui souligne.
3 *Le Point*, 16 avril 2009.
4 *Le Point*, 2 octobre 2008.

Michael Jackson », qui était, de son point de vue, l'héritier (caché) des « grands dandys » : « Barbey. Beau Brummell. Wilde et son Dorian Gray. [...] Sans parler de Baudelaire[5]. » Et d'asséner, parmi d'autres confondantes considérations, ceci, qui mérite d'être lu attentivement : « On passe à côté de la singulière aventure de Michael Jackson, on se méprend sur la folle métamorphose qu'il imprima à son visage, on ne comprend rien à ces opérations de chirurgie à répétition qu'il s'infligea sa vie durant, si on les réduit à une affaire de pigmentologie – race, antirace, haine de soi, mal-être, mal dans sa peau, patati, patata. Regardez ses photos. Voyez cet épiderme de plus en plus blanc, en effet, mais comme passé à la chaux vive. Observez ce nez réduit à presque rien, ces lèvres mangées de l'intérieur, ces pommettes amincies comme celles d'un masque jivaro ou d'une tête de Giacometti. Scrutez ces traits amenuisés, cette peau de chagrin, ces yeux qui semblent ne tenir que comme une bague au doigt d'un squelette. Considérez cette réduction – un philosophe dirait cette *épochè* – d'un visage ramené à sa plus simple expression et devenu son propre sosie. N'est-il pas, le visage, la signature de l'humain ? Sa vérité ? La façon dont il s'expose et s'exprime ? Le signe de la singularité de chacun, de son unicité sans prix ? Eh oui, c'est toujours cela, un visage. » De même : une pierre qui roule n'amasse guère de mousse. *A priori*.

Pigmentologue émérite, Bernard est aussi un esthète raffiné, qui sait goûter, non moins qu'aux douceurs de la dialectique facile pour temps de crise (ou de l'analyse fouillée de l'amincissement des pommettes de Michael Jackson), aux basiques beautés de l'art, dont la vocation est,

5 *Le Point*, 2 juillet 2009.

rappelle-t-il, « non décorative, mais métaphysique ». C'est dans cet esprit qu'il fait, en 2009, toujours dans les pages de l'hebdomadaire de François Pinault, le vibrant éloge d'un exceptionnel « doge et collectionneur », qui vient de faire don au monde d'un merveilleux musée « où il s'agit moins de stocker des œuvres finies que de les mettre au contact les unes des autres et, à ce contact, de les faire vivre à l'infini [6] » – et qui se trouve être, divine coïncidence, François Pinault.

Mais Bernard est aussi, on le sait moins, reporter. Il parcourt le monde en guerre et rapporte de ces voyages – de ses engagements – des articles d'une exceptionnelle rigueur, où se donne à voir, dans toute sa dimension, non moins que dans ses livres, sa religion du fait vrai.

Choses (presque) vues en Bosnie et en Algérie

Au début des années 1990, par exemple, il s'investit corps et âme (âme, surtout) dans un hardi combat pour la Bosnie-Herzégovine libre (la B-HL) et revient de ses redondants séjours à Sarajevo chargé de reportages prédicatifs nourris de choses (presque) vues, où il n'hésite jamais à se mettre en scène en distributeur automatique de bons et mauvais points.

Au mois de janvier 1994, il juge par exemple avoir recueilli auprès du général belge Francis Briquemont, chef des forces de l'ONU en Bosnie, « le mot, et peut-être l'information, qui, à tort ou à raison », lui donne l'impression

6 *Le Point*, 11 juin 2009.

d'être un considérable scoop. Dans le doute, BHL, qui se définira lui-même, bien des années plus tard, comme un « romanquêteur » (*sic*), livre au monde sa découverte : Briquemont « connaît le général Mladic », chef de l'armée serbe de Bosnie, futur bourreau de Srebrenica. De surcroît, stupéfiante précision, « les deux hommes se parlent [7] ». Précisément : la mission de la force onusienne d'interposition, consiste aussi en cela. Mais Bernard, à qui on la fait pas, pense tout de même avoir levé un (gros) lièvre : une « sourde estime de soldats » n'aurait-elle pas fait du « brave Briquemont, pendant toute la durée de son mandat, le plus naïvement proserbe des responsables des casques bleus » ?

La réponse sera donnée quelques jours plus tard, en février 1994, par le brave et naïf général belge : « Il n'y a pas, d'un côté, les bons, de l'autre, les méchants. C'est une guerre à trois. Une guerre tournante. Les alliances se font et se défont en fonction des rapports de forces dans chaque région. Dès qu'un parti – serbe, croate ou musulman bosniaque – devient trop fort, les deux autres s'unissent contre lui. » Et de préciser : « Lorsque j'entends Bernard-Henri Lévy prétendre que quelques avions suffiraient à régler la situation, je deviens fou ! C'est grave, quand un intellectuel se prend pour un expert militaire [8]. »

Mais Bernard reste sourd aux appels à la raison. Le 17 décembre 1994, il vante les mérites d'un « remarquable officier », « le colonel Sartre », qui a, précise-t-il,

7 Quelques semaines avant la publication de cette foudroyante révélation, le même Briquemont, exaspéré par l'exaltation guerrière du philosophe, l'avait publiquement invité, à la télévision, crime de lèse-pensée, à faire montre d'un peu de retenue. Mais Bernard, probablement soucieux de ne pas trop saturer son lectorat d'informations, néglige de rapporter cette amusante anecdote.

8 Henri Haget et Renaud Leblond, « Bosnie : le "J'accuse" d'un général humilié », *L'Express*, 3 février 1994.

« commandé, pendant deux ans, les casques bleus à Bihac », dans le nord-ouest de la Bosnie. Ce n'est pas entièrement inexact : il y a bien eu, pendant six mois, à la tête du bataillon français de Sarajevo, un colonel Patrice Sartre. Mais ce n'est pas non plus complètement sérieux, car ce militaire n'a jamais mis les pieds à Bihac. *Errare bernardum est* – et lui-même, d'ailleurs, ne se formalise qu'assez peu de ses propres errements : il aime à souligner que « l'encre est vite sèche [9] ». Cela fait une philosophie du journalisme un peu lapidaire, mais qui a ceci de plaisant qu'elle autorise toutes les divagations.

Et de fait : Tintin-Henri Lévy, quand il joue au grand reporter, n'hésite jamais à tordre la réalité pour mieux la faire entrer dans le cadre, effroyablement étriqué, de ses présupposés idéologiques dont les prolégomènes sont : un, que l'Occident (éclairé) a (tout de même) vocation à civiliser le (vaste) monde ; et, deux, que l'Occident éclairé a tout de même vocation à civiliser le vaste monde.

En 1998, par exemple, il est, après la Bosnie, en Algérie, d'où il rapporte pour *Le Monde* un long publireportage [10]. Peu de temps auparavant, il est vrai, les généraux algériens, qui conduisaient depuis six ans une guerre sanguinaire contre leur peuple pour « éradiquer » le virus islamiste, avaient jugé qu'il était grand temps « de corriger l'image [...] de l'Algérie à l'étranger [11] ». N'écoutant que la voix (intérieure) de sa légendaire indépendance, BHL relève crânement ce difficile défi : pour le prix – modique – d'une impressionnante somme d'erreurs factuelles, « l'apprenti

9 Cité par Nicolas Beau et Olivier Toscer, *Une imposture française*, Les Arènes, Paris, 2006.

10 Bernard-Henri Lévy, « Choses vues en Algérie », *Le Monde*, 8 et 9 janvier 1998.

11 Nicolas Beau et Olivier Toscer, *Une imposture française*, *op. cit.*

reporter évoque de long en large les atrocités dont se sont rendus coupables les intégristes musulmans ». Mais « en revanche, il ne dira rien sur l'autre violence qui sévit dans ce pays martyr, les 150 000 Algériens victimes de l'armée et de la Sécurité militaire depuis le début de la guerre civile larvée qui oppose en 1995-1997 les forces de sécurité du régime aux maquis intégristes : bombardements au napalm, arrestations et tortures systématiques, disparitions d'opposants [12] ».

La journaliste Florence Aubenas donnera l'explication de tant d'admirable pudeur : le périple algérien de BHL a été entièrement « organisé » par le pouvoir local [13]. Mais nul, chez ses thuriféraires, ne s'offusque d'un si minuscule manquement aux règles d'équanimité les plus élémentaires, et cela ne douche nullement l'enthousiasme de ses bons amis patrons de presse, qui continuent, imperturbablement, de publier sa prose truquée.

Israël, juillet 2006 : « Une armée plus sympathique que martiale »

En 2006, longtemps après son odyssée yougoslave, BHL continue d'aimer montrer la guerre à ses contemporains. Et justement, l'été venu, les Forces de défense israéliennes (FDI) font au Liban du hachis de civils. Le philosophe, aussitôt, se mobilise, avec, d'abord, une modestie quelque peu inhabituelle : le 20 juillet, il admet en effet dans

12 *Ibid.*
13 *Ibid.*

Le Point (dans une chronique si scrupuleusement objective qu'elle sera « complaisamment » diffusée, comme le soulignera sur son blog le journaliste Alain Gresh, par l'ambassade d'Israël en France [14]) n'être pas (du tout) un « grand expert des affaires militaires ». Résultat : il ne peut absolument pas juger de l'éventuelle « disproportion » d'une guerre dont le bilan humain sera de 1 300 victimes civiles côté libanais (dont un tiers d'enfants), contre 48 côté israélien. Comme c'est commode...

Puis le penseur, enfilant son treillis, se rend, non au Liban, mais en Israël, où la démocratie est notoirement plus vivace, puisqu'il s'agit notamment, écrira-t-il à l'automne 2008 dans un ahurissant article publié aux États-Unis [15], du « seul pays de la région [...] où la Cour suprême », dans son immense bonté, pousse l'humanisme jusqu'à « débattre pendant des jours de savoir s'il faut détruire – ou pas – un pan du mur de sécurité qui encercle injustement un olivier palestinien »... Dans la vraie vie, d'après la Cour internationale de justice, principal organe judiciaire de l'ONU, « le mur tel que tracé et le régime qui lui est associé portent atteinte de manière grave à de nombreux droits des Palestiniens habitant dans le territoire occupé par Israël sans que les atteintes résultant de ce tracé puissent être justifiées par des impératifs militaires ou des nécessités de sécurité nationale ou d'ordre public. La construction d'un tel mur constitue dès lors une violation par Israël de diverses obligations qui lui incombent en vertu des instruments applicables de droit international humanitaire et des droits de

14 Alain Gresh, « Gaza, le droit, la "disproportion" et les "barbares" », <http://blog.mondediplo.net>, 8 janvier 2009.

15 Bernard-Henri Lévy, « The task of the Jews », *The American Interest Magazine*, septembre-octobre 2008.

l'homme[16] ». Mais de telles atteintes sont insignifiantes, et ne méritent pas d'être mentionnées...

De son escapade israélienne, BHL rapporte un hallucinant publireportage, « La guerre vue d'Israël », que *Le Monde* publie *in extenso* – pour mieux asseoir, sans doute, sa réputation de « journal de référence ». Ce clownesque « témoignage », présenté comme un « récit », commence le 17 juillet 2006, qui se trouve être, divine surprise, l'« anniversaire du déclenchement de la guerre d'Espagne » et qui, dès lors, inspire nécessairement le philosophe qui se vit en nouveau Malraux : « Cela fait soixante-dix ans, jour pour jour, qu'eut lieu le putsch des généraux qui donna le coup d'envoi à la guerre civile, idéologique et internationale voulue par le fascisme de l'époque », rappelle-t-il d'abord. Puis de préciser, aussitôt : « Je ne peux pas ne pas y penser, je ne peux pas ne pas faire le rapprochement, tandis que j'atterris à Tel-Aviv[17]. » Le hasard concocte incroyablement bien les choses.

Peu de temps après son atterrissage, le penseur « monte vers Avivim. Puis, d'Avivim, jusqu'à Manara, que tiennent les Israéliens et où ils ont installé, dans un cirque de deux cents mètres de diamètre, un champ d'artillerie ». Là, dans ce bucolique champ où l'artillerie a poussé dru, « trois choses » le frappent, qui valent d'être citées un peu longuement, pour ce qu'elles révèlent de son inconcevable excentricité.

D'abord : « L'extrême jeunesse des artilleurs : vingt ans ; peut-être dix-huit ; leur air stupéfié quand le coup part,

---

16 Cité par Sylviane DE WANGEN, « Le mur israélien est illégal », *Pour la Palestine*, n° 43, 1er juillet 2005 (<www.france-palestine.org>).

17 Bernard-Henri LÉVY, « La guerre vue d'Israël », *Le Monde*, 28 juillet 2006.

comme si c'était chaque fois la première fois ; leurs moqueries de gamins quand le copain n'a pas eu le temps de se boucher les oreilles et que la détonation l'assourdit ; et puis le côté grave en même temps, pénétré, de qui se sait aux avant-postes d'un drame immense, et qui le dépasse. » (Les Libanais sur qui tombent alors les coups partis du champ d'artillerie de Manara comme si c'était chaque fois la première fois, et dont BHL ne souffle mot, sont eux aussi enclins à un peu de gravité ; il est en revanche douteux que leurs enfants aient à ce moment-là le loisir de railler le copain qui n'a pas eu le temps de se boucher les oreilles, avant que ces obus n'explosent – et ne le tuent, le cas échéant.)

Puis : « L'allure décontractée, ensuite, j'allais dire débraillée et même désœuvrée, d'une petite troupe qui me rappelle irrésistiblement la joyeuse bousculade des bataillons de jeunes républicains décrits [...] par Malraux : une armée plus sympathique que martiale ; plus démocratique que sûre d'elle et dominatrice ; une armée qui, ici, en tout cas, me semble aux antipodes de ces bataillons de brutes, ou de Terminator sans principes ni pitié, qu'ont si souvent décrits les grands médias européens. » (On voit ici que l'indécence, quand elle se pare des atours de la (nouvelle) philosophie, (s')autorise absolument tout.)

Puis encore : « Cette drôle de machine enfin, [...] qui, elle, ne tire pas : [...] une salle des machines mobile où l'on entre, comme dans un sous-marin, par une tourelle centrale et une échelle de coupée ; il s'y tient six hommes, certains jours sept, qui s'affairent autour de radars, ordinateurs et autres appareils de transmission dont le rôle est de collecter du renseignement pour, ensuite, déterminer les paramètres de tir qu'on va transmettre aux obusiers ; et la vérité est qu'il y a là, au principe du feu israélien, un véritable laboratoire de guerre où des savants-soldats déploient une intelligence optimale pour, le nez collé sur leurs écrans, tenter d'intégrer jusqu'aux plus impondérables données de terrain qui leur arrivent, calculer la distance de la cible, sa vitesse de déplacement ainsi que, *last but not least*, le degré de proximité d'éventuels civils dont l'évitement est, ici au moins, j'en témoigne, un souci prioritaire – et pourtant... » (Et pourtant, en effet : malgré ce très humanitaire et scientifique souci d'évitement des civils : l'armée israélienne en tuera, au Liban, plusieurs centaines.)

Résumons : en ce lumineux mois de juillet 2006, les jeunes artilleurs israéliens de Manara sont graves et concentrés – ainsi qu'il sied quand on guerroie disproportionnellement. Mais ils sont aussi, dans cet ordre (liste non exhaustive) : décontractés, joyeux, républicains, sympathiques, démocratiques, savants, équipés de drôles de machines et, *last but not least*, foncièrement soucieux d'éviter que leurs tirs ne touchent des innocents. Dieu, que la guerre est jolie. Quand Bernard la narre.

Géorgie, août 2008 :
Gori « réduite à l'état de ville fantôme »

En août 2008, le philosophe fait, en jet privé, un saut en Géorgie, où des troupes russes viennent d'entrer, et d'où il rapporte, pour *Le Monde*, bien sûr, un nouveau récit selon sa manière : « Choses vues dans la Géorgie en guerre. » L'ambiance générale de cette nouvelle contribution (décisive) à la réhabilitation de l'enquête de terrain est nettement moins joyeuse qu'en Israël, deux ans plus tôt – et cela participe, aussi, du remodelage permanent de la réalité qui permet au philosophe de structurer sa vision binaire d'un monde réduit à un combat du Bien (occidental) contre le Mal.

Ainsi, BHL, à peine posé, tombe, « à la hauteur d'Okami », sur un « officier russe » qui, loin d'être aussi avenant que les jeunes artilleurs israéliens de Manara, « a l'air d'avoir trop bu ». Puis, comme Bernard, sans désemparer, continue tout de même sa mission, progressant vers Gori, il croise un nouvel officier, russe toujours et « bouffi d'importance et de vodka », qui, au surplus, « aboie ».

D'irrespectueux garnements émettent alors, sur le site d'information *Rue89*, l'hypothèse, provocatrice, que BHL n'a peut-être pas vraiment vu tout ce qu'il affirme avoir observé en Géorgie [18]. Certains éléments de leur contre-enquête, en effet, ne collent pas avec le récit que le philosophe a donné de son périple. Bernard écrit, par exemple : « Nous arrivons à Gori. Nous ne sommes pas au centre-ville. Mais [...] nous pouvons constater les incendies à perte de vue. » Et de conclure, sans trop lésiner sur la dramatisation : Gori est « brûlée. Pillée. Réduite à l'état de ville fantôme. Vidée ». Par des Russes dont la sauvagerie, décidément, ne connaît pas de limites.

Problème : d'après les journalistes de *Rue89*, « BHL n'est jamais arrivé à Gori, et les Russes n'ont pas brûlé la ville ». Et de produire, à l'appui de cette assertion, le témoignage de la députée européenne Marie-Anne Isler-Béguin, présente sur les lieux et qui, elle, connaît bien la région : « Mais non, on n'était pas à Gori », corrige-t-elle. « On a été bloqués à

18 Julien Martin, Pascal Riché et David Servenay, « BHL n'a pas vu toutes ses "choses vues" en Géorgie », *Rue89*, 22 août 2008.

1,5 kilomètre de la ville. » De surcroît : « Seuls les champs brûlaient, [car] les armées brûlent parfois les champs pour éviter les snipers embusqués. »

Le philosophe aurait-il donc un peu enjolivé la vérité ? Interviewé par *Rue89*, il conviendra finalement qu'il a vu brûler « essentiellement des champs » : ce n'était pas exactement ce qui ressortait de son récit, mais Bernard est ainsi fait qu'il s'exonère volontiers des retenues qu'il prône pour les autres. Puis sans doute était-il pressé par l'urgence de montrer au monde combien la soldatesque russe est rustique et avinée, à l'inverse, on l'aura saisi, de la si délicate armée israélienne et en dépit de la (triste) vérité que l'une n'a pas fait, en Géorgie, plus de victimes civiles que l'autre au Liban.

Au pays (imaginaire) de la gauche antisémite

En septembre 2008, Bernard, délaissant pour un temps la correspondance de guerre, est en tournée américaine : il fait aux États-Unis la promotion de son dernier livre, *Ce grand cadavre à la renverse*, paru en France un an plus tôt et tout juste traduit. L'ouvrage, cocasse, « propose » notamment l'« hypothèse provocante et féconde » (*dixit* son éditeur) que la gauche française est contaminée par le virus, parmi d'autres, d'un « néoantisémitisme […] progressiste ». Mais, chez l'oncle Sam, BHL veut plutôt démontrer, ambitieuse ambition, que l'antisémitisme en France n'est pas pire qu'aux États-Unis [19]. (Étant bien entendu, tout de même, que l'humanité se trouve de son point de vue confrontée,

---

19 Emmanuelle Saint-Martin, « BHL en tournée américaine », *French Morning NY*, <www.frenchmorning.com/ny>, 15 septembre 2008.

aux deux bouts de l'Atlantique, et plus généralement « d'une extrémité à l'autre du monde », à « un embrasement des esprits » où s'imposerait « l'idée qu'il est moral, normal et juste de haïr le peuple juif[20] »...) Comme toujours : le svelte penseur met dans ce délicat exercice, toute son intransigeante rigueur.

Il soutient, notamment, qu'un livre paru l'année précédente à New York, *The Israel Lobby and US Foreign Policy*, écrit par deux universitaires, John J. Mearsheimer et Stephen M. Walt, « aurait été impubliable en France, où il serait tombé sous le coup de la loi ». Car cet ouvrage, qui « diabolise Israël », contient, d'après Bernard, « à peu de choses près, [...] ce qu'écrivait Louis-Ferdinand Céline dans *L'École des cadavres* ». Très investi dans sa démonstration, le raffiné philosophe composera, pour le bimestriel *American Interest* (dont le seul nom résonne déjà comme une promesse programmatique), un *remix* étendu de cette péroraison[21], dénonçant « l'étrange, obscur et maladif best-seller de John Mearsheimer et Stephen Walt, *The Israel Lobby and US Foreign Policy*. C'est un livre si terrible que je ne suis pas sûr qu'il aurait seulement trouvé un éditeur en France, mais il s'est bien vendu et s'est même gagné un certain respect aux États-Unis. Pourquoi personne ne l'a publié en France ? Parce qu'en France, nous ne connaissons que trop bien ces théories, cette rhétorique. C'est la théorie du Juif belliciste ; c'est la rhétorique de Louis-Ferdinand Céline dans ses pires accès d'antisémitisme – c'est le genre de discours qui est aujourd'hui considéré, en France, comme une félonie ».

---

20 Bernard-Henri Lévy, « The task of the Jews », *loc. cit.*
21 *Ibid.*

Un très petit détail semble avoir là échappé à la vigilance de Bernard (mais il est vrai aussi qu'un homme qui est à la fois « auteur de best-sellers, philosophe, pontife, globe-trotter, réalisateur de films et activiste marié à une merveilleuse actrice », comme l'a relevé, un rien taquin, un reporter du *Detroit Free Press* [22], ne peut certainement pas avoir l'œil à tout) : c'est que cet imposant essai, dont il ne cesse de répéter à son auditoire états-unien qu'il ne pourrait pas être publié en France, où l'on a tout de même de la tenue, a justement été publié en France en septembre 2007 [23].

L'ouvrage, il va de soi, n'est pas tombé sous le coup des lois françaises : c'est un livre solidement documenté (plutôt qu'un romanquête), où les auteurs observent notamment, cela vaut d'être ici relevé, et rapporté aux élucubrations états-uniennes de BHL, qu'il est « difficile de critiquer en public la politique israélienne ou de remettre en question le soutien américain à Israël » sans « se faire [aussitôt] accuser d'antisémitisme ». Bien évidemment : les positions de Mearsheimer et Walt peuvent être mises en débat. Mais leur essai, dont la presse états-unienne a généralement salué le sérieux, n'est absolument pas antisémite – et n'a, bien sûr, aucune espèce de rapport avec les immondes pamphlets racistes de Louis-Ferdinand Céline.

Mais BHL est de ces nobles rhéteurs qui ont volontiers « recours à des accusations d'antisémitisme [...] afin de réduire au silence les critiques d'Israël », comme l'a de longue date relevé Noam Chomsky. Cela porte un nom : terrorisme intellectuel. Mais pourquoi Bernard se gênerait-il,

---

22 Cité par Nicolas Beau et Olivier Toscer, *Une imposture française*, *op. cit.*

23 John J. Mearsheimer et Stephen M. Walt, *Le Lobby pro-israélien et la politique étrangère américaine*, La Découverte, Paris, 2007.

quand tant de journalistes continuent de le présenter en phare de la pensée ? Dès 1977, le vrai philosophe Gilles Deleuze donnait cet avis sur les « nouveaux philosophes », dont BHL était une des figures de proue : « Je crois que leur pensée est nulle. » Et il ajoutait aussitôt : « En même temps, plus le contenu de pensée est faible, plus le penseur prend de l'importance. » Après tout : cela ne fait jamais trente ans que ça dure…

Gaza, janvier 2009 : quand Israël entreprend de « libérer les Palestiniens du Hamas »

En janvier 2009, le gouvernement israélien, au même motif de faire cesser des tirs de roquettes palestiniennes, déchaîne sur Gaza le même déluge de bombes qu'il a, trois ans plus tôt, administré au Liban. De nouveau, BHL se mobilise. Dans *Le Point* du 9 janvier, le philosophe prévient : « N'étant pas un expert militaire, je m'abstiendrai de juger si les bombardements israéliens sur Gaza auraient pu être mieux ciblés, moins intenses. » Une fois encore, cette retenue étonne, chez un homme qui passe de larges parts de son temps à juger de tout et de tous. Mais il a cette espèce de curieuse manie : à chaque fois que l'armée israélienne bombarde des populations civiles, il redécouvre les vertus d'une (relative) modestie. En 2006, déjà, on l'a vu : durant qu'il contemplait le remodelage du Liban par de joyeux artilleurs des FDI, il confessait, en des termes assez proches de ceux qu'il emploie deux ans plus tard, n'être pas suffisamment « expert militaire » pour juger d'une éventuelle

« disproportion » dans les frappes qui allaient faire, là encore, plus de 1 300 victimes civiles.

Et certes : jamais cette incompétence avouée (donc à demi pardonnée) ne l'a par exemple empêché de proclamer, quinze ans plus tôt, qu'il fallait d'urgence bombarder les « fascistes » serbes de Bosnie, ou d'applaudir à la mâle fermeté des généraux éradicateurs algériens. Mais cette opportune confession lui épargne la peine d'avoir à condamner – fût-ce au nom de la seule cohérence – les insignes brutalités de l'armée israélienne dans les termes dont il use régulièrement pour fustiger, sous d'autres cieux, d'autres barbaries.

Puis BHL considère, au fond, que le gouvernement israélien s'acquitte, par le bombardement d'une population harassée, d'une espèce de mission de service public, qui est de « libérer les Palestiniens du Hamas ». Car, d'un point de vue philosophique, les « pires ennemis des Palestiniens », contrairement à ce que pourrait supposer l'observateur pressé, ne sont pas les francs démocrates qui les ensevelissent sous les bombes, mais bien « ces dirigeants extrémistes qui n'ont jamais voulu d'un État et n'ont jamais conçu pour leur peuple d'autre état que celui d'instrument et d'otage ». C'est donc pour le meilleur épanouissement des Palestiniens – qui tardent quelque peu à s'élancer vers l'avenir – que le gouvernement israélien les bombarde à l'aveugle ou presque : tout devient formidablement évident.

Bien sûr, toutes les médailles, même les plus chatoyantes, ont leur revers, et cette contribution (bénévole) au sauvetage d'une peuplade indigène fait quelques victimes collatérales. Mais cet agaçant détail ne vient pas tant, on l'a dit, de ce que les bombardements israéliens seraient mal ciblés ou trop intenses (comment diable en juger, d'ailleurs, quand on n'est absolument pas un expert militaire ?) que de ce que certains chefs arabes, pétris de sauvagerie, aiment faire tuer leurs administrés : « Les dirigeants de Gaza, écrit BHL, exposent leurs populations : vieille tactique du "bouclier humain", [qui fait que] le Hamas [...] installe ses centres de commandement, ses stocks d'armes, ses bunkers, dans les sous-sols d'immeubles, d'hôpitaux, d'écoles et de mosquées – efficace mais répugnant. » Répugnant, en effet. Mais classique : la théorie des « boucliers humains », qui prétend que « les "fanatiques" du Hamas dissimuleraient leurs rampes de lancement de roquettes dans des écoles et des hôpitaux, au milieu de la population civile » est l'un des piliers de la « machine de désinformation israélienne », rappelle le journaliste Denis Sieffert, qui précise : « Cet argument participe d'une tentative plus générale de déshumanisation des Palestiniens, qui seraient moins attachés à leurs enfants que nous autres, Occidentaux [24]. »

Puis le philosophe part regarder la guerre d'un peu plus près, depuis le côté israélien, bien sûr. Car, en somme, quand l'armée serbe tue des populations bosniaques, BHL adopte le point de vue des populations bosniaques. Et quand l'armée russe tue des populations géorgiennes, BHL adopte le point de vue des populations géorgiennes. Mais quand c'est l'armée israélienne qui tue des populations arabo-musulmanes, soudain BHL, modifiant son assise (et tout aussi bien son entière conception de la justice en ce bas monde), adopte le point de vue de l'armée israélienne. (Intelligence et cohérence sont les deux mamelles, on le sait, de la nouvelle philosophie.)

---

24 Denis Sieffert, *La Nouvelle Guerre médiatique israélienne*, La Découverte, Paris, 2009.

Fin d'une ancienne tradition : ce n'est plus cette fois-ci *Le Monde* qui accueille ses « carnets de guerre » (*sic*), mais *Le Journal du dimanche* (JDD), propriété de son riche ami Arnaud Lagardère. (Amusante coïncidence : peu de temps auparavant, le JDD « avait assuré la promotion » d'un très cocasse livre d'échanges épistolaires entre BHL et Michel Houellebecq [25].) Bernard « parcourt Israël pendant huit jours ». Il rencontre, pour l'essentiel, de hautes personnalités. Comme Ehoud Barak, ministre de la Défense, qu'il « retrouve » chez lui, dans son « salon tout en longueur, qui semble construit autour des deux pianos dont il joue en virtuose » – car le chef de guerre qui fait donner son armée contre les Palestiniens est aussi (et surtout) un élégant mélomane. Ou comme Ehoud Olmert, Premier ministre, qui se montre plein d'une délassante « drôlerie » quand il narre au philosophe de passage le « ballet des médiateurs trop pressés ». (Trop pressés, sans doute, de voir se finir l'effroyable tuerie...)

Bernard, qui a des entrées dans les endroits les plus secrets, s'entretient également avec un certain « Yovan Diskin », patron du Shin Bet, le râpeux service de contre-espionnage israélien. Un homme, qui, « à [la] connaissance » de son cultivé visiteur, « n'a jamais parlé. En tout cas pas depuis le début de cette guerre ». Et qui, probablement conscient que les scoops mondiaux sont de meilleure valeur au petit matin, « reçoit » BHL « aux aurores, dans son bureau » (plutôt que tard la nuit, dans un night-club). En ce cas précis, comme souvent lorsqu'un romanquêteur hâtif endosse l'habit (large et kaki) de l'envoyé de guerre, la réalité

25 Olivier Poche, « "Carnets de guerre", le dernier tract de BHL », <www.acrimed.org>, 28 janvier 2009.

se montre plus contrastée que le récit de Bernard, puisque, en effet, comme le relèveront les fins limiers de l'association Acrimed [26], « il existe peut-être un "Yovan Diskin" n'ayant jamais parlé », mais s'il existe, il n'est assurément pas chef du Shin Bet. En revanche, il existe un Yuval Diskin, effectivement chef du Shin Bet, lui, et dont « un moteur de recherche permet de retrouver en quelques secondes un nombre appréciable de déclarations » publiques.

De la même façon que le colonel Sartre, que BHL présentait en 1994 comme le chef des casques bleus de Bihac pendant deux longues années, n'avait, confusion bénigne, jamais mis les pieds à Bihac, le taiseux Yovan Diskin, maître espion israélien, ne s'appelle pas Yovan Diskin et ne dédaigne pas de s'exprimer en long et en large. Mais, après tout, quelle importance, puisque aucune approximation, aucune erreur, aucun bobard ne dissuade jamais personne de publier la prose du penseur ?

Chanceux, Bernard tombe aussi, dans le cours de sa nouvelle pérégrination israélienne – dans un pays, donc, dont les troupes, durant qu'il voyage, bombardent massivement les Palestiniens –, sur le gentil Asaf, qui est, d'une part, « patron d'un restaurant à New York » et, d'autre part, « dans ses périodes de "réserve", pilote d'hélicoptère Cobra » dans l'armée israélienne. Asaf, autant l'énoncer clairement, témoigne pour la postérité de ce que nul ne saurait, sans se couvrir de honte, imputer pour de bon à cette armée des frappes mal ciblées : il juge en effet que « rien ne justifie la mort d'un gosse » et, lorsqu'il trouve des civils dans sa ligne de mire, il « détourne son missile ». (Déjà en 2006, rappelons-nous : il y avait « au principe du feu » israélien sur le

26 *Ibid.*

Liban le même admirable souci d'« évitement » des civils...) BHL, ému, en est convaincu : « Dans Tsahal », qui est le petit nom affectueux des Forces de défense israéliennes, Asaf n'est « pas l'exception mais la règle ». De sorte qu'il est tout de même curieux, pour ne pas dire énigmatique, que tant d'enfants et de civils de Gaza aient trouvé la mort dans des raids israéliens.

Gaza by night

Et justement : le 13 janvier, mû tout de même par l'envie d'« aller voir » ce qui se passe de l'autre côté de la civilisation, Bernard se fond « dans une unité d'élite Golani » pour entrer nuitamment « dans les faubourgs de Gaza-City », où il voit « peu, très peu » de choses (et moins nettement, assurément, que dans le vaste salon d'Ehoud Barak). Mais où, malgré tout, il découvre des « buildings plongés dans l'obscurité », des « vergers à l'abandon » et « la rue Khalil Al-Wazeer avec ses commerces fermés ». C'est beau, une ville, la nuit. Surtout quand rien ne la différencie, dans la description qu'en fait un renommé philosophe, de n'importe quelle autre ville, la nuit. Quand rien ne dit, dans cette description, qu'elle est depuis des semaines sous le feu des forces israéliennes.

BHL admet que Gaza, pour ce qu'il en sait, doit probablement être « sonnée, transformée en souricière, terrorisée » – même si rien ne permet de l'affirmer formellement, dans le spectacle des boutiques fermées de la rue Khalil Al-Wazeer *by night*. Mais, pour autant, il peut en jurer : la ville n'est « certainement pas rasée au sens où purent l'être Grozny ou certains quartiers de Sarajevo ». Et d'ajouter, en une tardive concession à la lucidité : « Peut-être serai-je démenti quand la presse entrera à Gaza. » (Car la presse, alors, sauf le vaillant reporter « du dimanche » *embedded* dans une unité d'élite Golani, n'entre pas dans Gaza – non parce qu'elle souhaiterait plutôt passer son temps près des pianos dont Ehoud Barak joue en virtuose, mais pour la seule raison, que BHL néglige opportunément de rappeler, que la si démocratique armée israélienne lui interdit le passage.)

On sait aujourd'hui que Gaza ne fut pas seulement « sonnée » par les bombardements, mais rasée par grands pans. On sait que des soldats israéliens se sont livrés à de véritables exactions. Mais Bernard, (encore) démenti par les faits, omet sottement, après son retour, de narrer pour son lectorat cette réalité-là.

Il est vrai que, déjà, d'autres (non moins rudes) combats requièrent sa présence : quinze ans après la fin du conflit bosniaque, BHL tonne, par exemple, en avril 2009, contre la racaille altermondialiste qui ose manifester à Strasbourg contre un sommet de l'OTAN. La « présence même » de ces gens-là (dont le penseur semble être fort marri qu'on ne les cantonne pas dans quelque léproserie), « leur arrogance, leur violence verbale et parfois, hélas, physique, leur certitude d'avoir raison » : tout cela laisse Bernard « songeur ». (L'arrogance, la violence verbale et la certitude d'avoir toujours raison lui sont, il est vrai, notoirement étrangères : c'est plutôt par sa modeste discrétion qu'il s'est rendu fameux.) De son point de vue, les indignes déclarations de ces militants anti-OTAN « ne peuvent que décourager celles et ceux qui, en Afghanistan, voient se resserrer à nouveau l'étau de l'ordre noir des talibans et n'ont, comme maigre rempart, que le maintien des forces de l'OTAN présentes sur le terrain ». En réalité, comme c'est alors, et de longue date, de notoriété publique : la population afghane, beaucoup moins profondément idiote que dans la représentation qu'en donne BHL, observe surtout que l'occupation alliée, qui dure depuis huit ans, n'a guère produit, sur le terrain, que des « victimes collatérales ».

Mais la réalité n'empêche jamais l'arrogant philosophe d'être persuadé qu'il a raison sur tout et de mettre du fiel dans ses calomnies, en suggérant, par exemple, que les manifestants de Strasbourg sont responsables du malheur des Afghans et sont plus généralement, pourquoi se brider, des tueurs – symboliques – de femmes et d'enfants : c'est ce que clame le philosophe, quand il assure, toute vergogne oubliée, que les altermondialistes « tuent une seconde fois, symboliquement, les 200 000 Bosniaques que la France, l'Angleterre, toutes les grandes démocraties en fait, les Nations unies elles-mêmes, bref, la communauté internationale tout entière avaient laissés, pendant des années, se faire tirer comme des lapins par les snipers serbes embusqués sur les hauteurs de Sarajevo – seule, là encore, cette OTAN mal famée, vilipendée, chahutée [...] a fini par dire "stop" et arrêter le bain de sang[27] »...

L'OTAN applique (enfin) la doctrine BHL

Mais c'est plus fort que lui : Bernard ne peut décidément pas rester longtemps sans témoigner de la guerre – et le voilà parti, à l'automne 2009, en Afghanistan,

27 *Le Point*, 9 avril 2009.

« avec un groupe de journalistes emmenés par le ministre de la Défense, Hervé Morin ». *Embedded*, une fois de plus.

Échaudé – on le suppose – par son retour de Géorgie de l'année précédente, où de mauvais plaisants ont suggéré, on se le rappelle, qu'il n'avait pas forcément vu toutes ses « choses vues en Géorgie », le philosophe prévient prudemment que sa « vision » a été, cette fois-ci, « limitée, puisque ne concernant que les vallées de Surobi et de Kapisa ». Puis il répète plus loin – deux précautions valent mieux qu'une – qu'il n'a « pas tout vu, naturellement [28] ». Mais cependant : il entend faire part au monde, qui sans doute les attendait, de ses « observations, [...] précieuses, car en rupture avec ce que l'on entend presque partout ».

De fait : alors même que la plupart des observateurs du conflit afghan, journalistes compris, estiment à ce moment-là que l'Afghanistan est devenu un terrible « bourbier » pour les forces de l'OTAN, BHL, quant à lui, considère, au contraire, que « les talibans peuvent être vaincus ». Explication : « La stratégie des militaires » français qui ont eu le bon goût de l'accueillir « repose sur une idée simple et qui n'a pas grand-chose à voir avec la caricature donnée dans les médias : montrer qu'on est, certes, là pour faire la guerre, mais que cette guerre a, aussi, pour enjeu la sécurité, la paix, l'accès aux soins et au savoir d'une population dont la coalition est l'alliée » – un peu comme l'US Army fut naguère, avec le même admirable souci de lui apporter tout le confort moderne, la meilleure amie de la paysannerie vietnamienne.

Surtout : c'est parce qu'elle met – enfin – en application la doctrine définie au début des années 2000 par un

---

28 *Le Point*, 24 septembre 2009.

visionnaire du nom de Bernard-Henri Lévy que cette coalition peut gagner cette (juste) guerre. Celui-ci écrit en effet, sans trop maltraiter son ego : « Je me souviens comment, dans mon "Rapport afghan" de 2002 commandé par Jacques Chirac, ma première recommandation était : aider à la constitution d'une armée nationale afghane et lui laisser, dès que possible, la responsabilité d'isoler, puis de défaire, les néofascistes talibans. Eh bien, c'est ce qui est en train de se passer. » Et de conclure, peu après : « Les démocrates afghans peuvent, avec leurs alliés, gagner. »

Grâce, aussi, à BHL : chacun l'aura compris.

Christophe Barbier ou la « génération saine »

par Olivier Cyran

C'est dans les vieilles marmites que l'on cuit les meilleures soupes, affirme l'adage. Mais ce qui est vrai en gastronomie ne se vérifie pas toujours dans le monde des médias. Directeur quadragénaire de la rédaction de *L'Express*, traînant sur les plateaux de télévision son air de petit garçon égaré chez les adultes, Christophe Barbier démontre que les casseroles sorties d'usine se prêtent aussi bien que leurs aînées à la cuisson des idées moisies.

« La moitié de mes déjeuners avec les politiques, l'autre en interne »

Christophe Barbier s'enorgueillit pourtant d'incarner la nouvelle génération des journalistes d'opinion, échevelée, iconoclaste et follement insolente. En 2006, le directeur de l'information d'Europe 1, Jean-Pierre

Elkabbach, se fait prendre en flagrant délit d'allégeance : le régent de la radio du groupe Lagardère avait pris ses instructions auprès de Nicolas Sarkozy pour choisir le journaliste chargé de suivre l'UMP. Pour Barbier, alors directeur adjoint d'un magazine détenu par le marchand d'armes Serge Dassault, c'est l'occasion de claironner que lui ne mange pas de ce pain-là. « La génération qui suit, la nôtre, est beaucoup plus saine et on ne ferait pas ça – demander à nos ministres des conseils, passe moi le séné et je te donnerai la rhubarbe », se récrie-t-il sur i-télévision, dans l'émission de bavardages « Ça se dispute » (25 février 2006). « Je pense que ça joue beaucoup, beaucoup, parce que c'est une génération [celle d'Elkabbach] qui est les deux pieds dans la connivence avec le pouvoir. J'espère qu'on sera mort de la grippe aviaire avant d'en arriver à se comporter comme ça. » Approbation de son camarade du *Figaro*, Éric Zemmour, autre figure de proue de la génération « saine » : « Ça prouve que, et là Christophe a raison, il y a une génération qui n'a jamais perdu les habitudes de la télé des années 1960, c'est-à-dire qu'on demande conseil à des politiques pour le choix des journalistes. »

Ce n'est certes pas Barbier qui se compromettrait avec les puissants, lui qui ne passe qu'un jour sur deux à bâfrer en leur compagnie. « La moitié de mes déjeuners avec les politiques, l'autre en interne », admet-il lorsqu'on l'interroge sur son emploi du temps [1]. Ce souci d'indépendance, Barbier ne l'a jamais trahi depuis les débuts de sa carrière professionnelle. En 1997, alors qu'il a encore la morve au nez, le tout nouveau directeur du service politique de *L'Express* – âgé alors de trente ans à peine – signe un compte

1 Entretien avec le site <imédias.biz>, 5 mars 2007.

rendu cruel du dernier livre de Jacques Julliard, représentant de la génération pas très saine et éditorialiste permanenté au *Nouvel Observateur* : « Réflexion fort bien menée à travers un chapitre limpide et admirable sur l'idée de progrès au cours des siècles et des pages très denses », etc. (11 décembre 1997). Deux ans plus tard, Barbier participe au jury du livre politique (présidé par René Rémond, alors patron de la Fondation nationale des sciences politiques, la pouponnière des futurs Barbier) qui honore à l'hôtel de Lassay un jeune et prometteur talent, Alain Duhamel. Le prix est remis par Laurent Fabius, président de l'Assemblée nationale, qui salue en Duhamel un « physicien de la tectonique des plaques politiques ».

Le 11 septembre 2002, Christophe Barbier se joint à Michel Polacco sur France Inter pour malmener la ministre de la Défense, Michèle Alliot-Marie. Barbier s'inquiète de voir le plan Vigipirate moins appliqué qu'auparavant. Aux yeux de cet esprit critique, qui préfère contracter la grippe aviaire plutôt que de se prosterner devant un membre du gouvernement, rien n'est plus choquant que la raréfaction – peu évidente au demeurant – des patrouilles de militaires dans les transports en commun. Puis il demande : « Quand on voit ce qui s'est passé en Afghanistan, est-ce qu'on n'est pas obligé d'être favorable au concept de guerre préventive ? »

« Il semble admis que ce pays soit atteint de "palu social" »

En 2003, un mouvement de grève à l'Éducation nationale lui fournit matière à un éditorial pétulant. « Il semble inscrit dans le rituel hexagonal que les réformes soient rejetées par "la rue", cet assemblage hétéroclite dont la masse fait office de légitimité, tonne le boutonneux de *L'Express* (5 juin 2003). Il semble admis que ce pays soit atteint de "palu social", une maladie chronique dont il ne meurt pas, mais qui le vide de toute force. » Réminiscence du « sida mental » cher à feu Louis Pauwels, qui avait forgé ce concept quand Barbier suçait encore son pouce [2], le « palu social » indique que ce dernier, quoique insurgé contre le journalisme à papa, sait aussi rendre à ses pères spirituels l'hommage qui leur est dû.

Sous la plume du petit Christophe, les idées neuves crépitent comme du pop-corn sur le fourneau de maman. Les Français qui manifestent « ont voulu travailler moins et gagner plus, chercher leur avantage personnel et non l'intérêt général, jouir du présent sans préparer la suite ». Quant aux enseignants, ils « dénoncent les efforts qu'on leur demande, mais nient les privilèges réels attachés à leur profession ». Des privilèges d'autant plus insupportables que, pendant que les instituteurs se gobergent, les grandes fortunes se font saigner à blanc : « L'impôt des plus riches – qui ne sont pas si riches que ça – doit baisser, parce qu'il y a trop d'impôts dans ce pays, la preuve, certains de ces plus riches s'expatrient pour aller dans des pays où on leur prend moins d'argent » (« Ripostes », France 5, 13 mars 2005). Grévistes tire-au-flanc, fonctionnaires choyés, milliardaires persécutés… Jamais encore ces choses-là n'avaient été dites.

2 Le 6 décembre 1986, Louis Pauwels, éditorialiste au *Figaro Magazine* évoquait une « jeunesse atteinte du sida mental. Ce sont les enfants du rock débile, les écoliers de la vulgarité pédagogique, les béats de Coluche et Renaud, nourris de soupe infra-idéologique cuite au showbiz, ahuris par les saturnales de "Touche pas à mon pote", et somme toute, les produits de la culture Lang ».

En 2005, année du référendum sur le Traité constitutionnel européen, Barbier se distingue à nouveau. Son analyse, qui révolutionne la pensée politique contemporaine, aboutit à la conclusion que les tenants du Non sont tous des demeurés. « Si le Non progresse, pontifie-t-il dans *L'Express* (21 mars 2005), c'est d'abord, il est vrai, parce qu'il est plus aisé de faire campagne contre la Constitution que d'en expliquer les attraits. "Il est facile d'énerver les gens, complexe de les persuader", explique le socialiste Jean-Marc Ayrault, défenseur du traité. Le Non est servi par la réalité, le Oui exige la réflexion ; le Non se nourrit de la colère, le Oui de la raison ; on accède au Non de plain pied et au Oui par un colimaçon intellectuel. » Dans le même numéro de *L'Express*, une chronique de Bernard Guetta contre le Non (« Tout menace le oui ») et une de Jacques Attali en faveur du Oui (« Pourquoi voter oui »), mais pas un seul point de vue critique sur le traité. Que l'on n'aille pas pour autant dire à Barbier que son « colimaçon intellectuel » ploie sous le matraquage oui-ouiste : il se mettrait à secouer la tête comme un enfant, l'air buté. « Le Non n'a pas à se plaindre du traitement des médias », boude-t-il sur i-télévision (15 avril 2005). Avant de s'entêter six jours plus tard, sur Europe 1 : « Je ne peux pas laisser dire que le Non est défavorisé dans les médias. Non, on a fait deux unes [évoquant la montée du Non], on ne peut pas dire que c'est favorable au Oui. Ce procès est idiot » (21 avril 2005). La même semaine, son hebdomadaire publiait encore trois chroniques et éditoriaux favorables au Oui et zéro favorable au Non...

Ancré dans son temps, Barbier aime tellement l'Europe que, pour la régénérer, il est même prêt à faire voter les morts. Remâchant deux ans plus tard sa déculottée du référendum, il médite dans *L'Express* : « La paix : s'il ne fallait qu'une raison pour, sans relâche, défendre l'Union européenne, celle-là suffirait amplement. Si les monuments aux morts des 36 782 communes françaises avaient servi de listes électorales le 29 mai 2005, ceux qui y sont inscrits auraient sans nul doute adopté la Constitution européenne » (22 mars 2007). Les massacres de Verdun ont fait la gloire du maréchal Pétain. Pourquoi ne donneraient-ils pas un coup de jeune à Bruxelles ?

« Aider les meilleurs à être plus forts encore »

Avec Christophe Barbier, la relève est décidément assurée. En 2006, quelques mois après avoir poussé papy Elkabbach dans les orties, le trublion ovationne un confrère presque encore postadolescent, Nicolas Baverez. Sous le titre « Le travail doit être réhabilité et libéré », *L'Express* publie quatre pages d'extraits du dernier livre du pimpant théoricien de la France qui tombe, *Que faire ?*, annoncé comme un « essai lucide et précis qui vient à point nommé à l'orée de la campagne présidentielle » (14 septembre 2006). Écharpe au vent, Barbier salue l'« implacable diagnostic » du « meilleur essayiste de France » – citation qui servira de slogan à l'encart publicitaire publié dans les pages du *Monde*. Et Barbier de babiller : « Puissent tous les candidats et le plus grand nombre d'électeurs en faire [du livre], sinon un bréviaire, du moins un compagnon de route tant ce livre propose, en cet automne, un printemps pour le pays. »

Son amour de la culture le conforte dans cet esprit frondeur, comme en fait foi le portrait en dentelle que lui consacre Ariane Chemin dans *Le Monde* du 13 août 2006, à l'occasion de son intronisation à la tête de la rédaction de *L'Express*. « Comme la France adore les titres, Christophe Barbier reste d'abord "normalien". Cela fait presque vingt ans qu'il a quitté les bancs de la rue d'Ulm, mais, pour la presse hexagonale, le diplôme vaut tous les brevets de baroudeur, tous les certificats de langues étrangères, et Christophe Barbier est plutôt fier de l'exhiber en couverture de ses ouvrages. De sa khâgne lyonnaise, il a gardé, dans ses articles, un goût – parfois exagéré – pour les citations. Et, dans un remarquable *Les Derniers Jours de François Mitterrand* (Grasset), des subtilités et des bonheurs proustiens à chaque page. [...] Après Normale, il suit en 1989 un master en "info médias" dans une école de commerce : bon moyen pour le petit Savoyard sans relations parisiennes de côtoyer le monde de la presse. Bingo ! Alors que le reste de la classe se passionne pour la chute du Mur, l'élève Barbier s'intéresse, lui, au conflit qui déchire les Peugeot de Sochaux, "la première grève de croissance et de partage des richesses". »

Stéphane Beaud et Michel Pialoux, qui ont consacré un livre à ce conflit, en proposent une interprétation un peu différente. Pour les deux sociologues, le mouvement de grève dans les usines Peugeot de Sochaux traduit surtout le fait que « les ouvriers, qui avaient pour eux la force du nombre, ont peu à peu cessé d'être craints et ne font plus peur aux dirigeants. Il s'agit là d'une rupture importante dans l'histoire des rapports de classes [3]. » On est loin du « partage des richesses » dont les excès révulsent le « normalien » d'i-télévision.

Mais Barbier n'a pas l'intention de laisser les ouvriers lui gâcher ses « bonheurs proustiens ». Homme de culture, il en

3 *Retour sur la condition ouvrière*, Stéphane Beaud, Michel Pialoux, Fayard, 2000.

réserve la meilleure part à ceux qui savent la déguster. « Le soir, l'homme change de rôle, poursuit Ariane Chemin. Il a créé avec son ami fidèle, Helman le Pas de Sécheval, aujourd'hui directeur financier de Groupama, une petite compagnie d'anciens normaliens. Une troupe ultrachic, avec le philosophe [*sic*] Raphaël Enthoven dans le rôle de jeune premier, et qui tourne de grands appartements en petites salles. Elle s'arrête tous les ans chez Jean-François Copé [député UMP et fils spirituel de Nicolas Sarkozy], à Meaux, fan de ses "portraits de La Bruyère qui ne tombent jamais dans les travers de l'échotier". Ou dans la petite salle que Claude Imbert [fondateur et éditorialiste du *Point*] a aménagée dans sa maison du bord du lac Léman pour y donner des concerts de musique de chambre : "Ils sont venus il y a trois semaines jouer *Le Souper de Brisville*, Christophe était parfaitement grimé en Talleyrand. Une attelle soutenait même son pied bot." Christophe joue, Christophe met en scène, Christophe monte et démonte ses décors, tard dans la nuit. » Ne manquait que Philippe Val pour que la troupe fût au complet. Las ! Le troubadour de Carla Bruni-Sarkozy n'a pas fait Normale Sup... Faute impardonnable.

Pour Barbier, en effet, appartenir à la crème de la crème n'est pas un privilège qui se « mérite », comme le prétend la fable sarkozyste : c'est une marque de supériorité intellectuelle qui s'acquiert au berceau. Il s'en explique en septembre 2009 dans un éditorial intitulé « Priorité aux élites pour la rentrée », sorte de préliminaire à une déclaration des Droits du Surhomme : « La vraie priorité de l'Éducation », y explique-t-il, devrait consister à « former une élite toujours plus puissante afin que le pays tienne son rang dans la concurrence mondiale. Il faut que le grand emprunt à venir finance d'abord l'enseignement supérieur, pour renforcer l'excellence française, aider les meilleurs à être plus forts encore, éviter la fuite des cerveaux. Le débat public, accaparé par le sort des exclus du système, oublie que l'essentiel est, sans cynisme, la performance. Ce n'est pas le moral en queue de peloton qui permet de gagner des courses, c'est la qualité des sprinters » (*L'Express*, 3 septembre 2009).

Au même moment, une vague de suicides au sein de France Télécom – vingt-trois morts et une dizaine de rescapés en dix-huit mois – contraint les médias à s'interroger sur la qualité du « moral en queue de peloton ». Se pourrait-il que la mutation d'un service public en multinationale privée n'ait pas que des conséquences bienfaisantes ? Pour une fois invités à s'exprimer, des salariés du groupe témoignent de leur isolement, de leur souffrance, des managers qui les terrorisent, de la négation de leurs compétences par une chefferie soucieuse seulement de ses résultats comptables.

Et allez donc, soupire Barbier : voilà encore le « débat public accaparé par le sort des exclus du système »... Ni une ni deux, le sprinter monte au créneau : arrêtons de pleurnicher sur les employés de France Télécom, s'insurge-t-il sur LCI. « Ce sont les managers qu'il faut aider, qu'il faut coacher, qu'il faut encadrer, pour qu'ils puissent emmener leurs troupes, à défaut avec enthousiasme, au moins avec solidité, vers cette mutation [d'un vieux kolkhoze en géant planétaire]. » Quant à la surmortalité du petit personnel, ce n'est pas compliqué : la faute en incombe à l'appareil d'État socialo-communiste, qui « a trop protégé ses troupes, ses fonctionnaires : pas de mutation au mérite, pas d'avancement au mérite, le tranquille avancement à l'ancienneté, la sécurité de l'emploi bien sûr, la culture de l'entreprise publique à la française... Comme en même temps sur le plan économique l'État a été mauvais, il est obligé de mettre dans le privé toute une partie de ses activités jadis publiques, et il amène dans le privé des gens qui ne sont absolument pas préparés à la vie un peu plus rude, un peu plus violente, dans le privé. » Pour mieux faire comprendre la difficulté qu'éprouvent ces gros paresseux de fonctionnaires à intégrer les règles « un peu plus rudes » de la performance économique, Barbier recourt à une métaphore pastorale : « L'État, c'est un peu comme un éleveur d'agneaux qui les lâcherait dans la forêt sans les prévenir qu'il y a des loups » (LCI, 15 septembre 2009). Or depuis quand reproche-t-on au loup d'apprécier la viande d'agneau ?

« Mon édito est adapté au Web, mais est-il adapté au téléphone portable ? »

On l'a vu, Barbier est un surhomme raffiné. « Loyal et élégant », *dixit Le Monde*, passionné de musique de chambre, le porte-parole de l'excellence française ne néglige pas pour autant le comique troupier. Christophe a gardé son côté enfant braillard : hérisser les poils de son auditoire ne lui fait pas peur, surtout quand il s'adresse à ses salariés – un public très averti, là encore. C'est toujours *Le Monde*, quelques mois plus tard, qui raconte la scène : « Mardi 14 novembre, au 6e étage du même immeuble [celui de *L'Express*], la rédaction est à nouveau réunie, fraîchement épurée de quelques-uns de ses membres. Face à elle, un jeune et sémillant directeur aux airs de dandy vieille France, qui a laissé tomber le nœud papillon, voilà quelques années, au profit d'une inamovible écharpe rouge : Christophe

Barbier, trente-neuf ans, normalien, ex-chef du service politique, assidu des plateaux de télévision, apprécié pour sa courtoisie, son esprit, les notes désopilantes qu'il apposait aux prévisions hebdomadaires de son service, sa passion du théâtre. [...]

« Ce mardi, [il] s'adresse aux journalistes aux côtés de ses deux adjoints, Christian Makarian et Christine Kerdellant. Il leur annonce les nouveaux périmètres des services et les réformes qui verront le jour dans le prochain numéro (en kiosques jeudi 23 novembre) : un entretien "vitrine" placé en début de journal, la partie "indiscrets" remusclée, les pages "arts et spectacles" réintégrées après avoir été exilées dans le magazine (*Le Mag*). Celui-ci, consacré à la mode, la maison, la santé, les loisirs, sera enrichi et rebaptisé. On l'appellera *Styles*. Ses objectifs : attirer la publicité, rajeunir et féminiser un lectorat encore masculin [dentiste ou golfeur gâteux] à 60 %. » Le Talleyrand de Jean-François Copé se fait à présent l'interprète de son actionnaire, Rik De Nolf, patron du groupe belge Roularta, qui vient de racheter *L'Express* au groupe Dassault et d'imposer le petit Barbier comme son fondé de pouvoir. Les ordres de monsieur Rik sont formels : l'hebdomadaire, « actuellement à l'équilibre, devra atteindre d'ici deux-trois ans une rentabilité de 10 %. Pour l'ensemble du groupe Express-Expansion, une économie de 3 millions d'euros doit être réalisée sur la masse salariale » (*Le Monde*, 23 novembre 2006).

Dans une interview déjà citée[4], le poupon de Roularta explique comment il compte faire cracher 10 % de bénéfices à ses journalistes : en les transformant en VRP multicartes de la marque « L'Express », conçue comme un attrape-publicité

4 Entretien avec le site imédias.biz, 5 mars 2007.

dont l'hebdomadaire ne sera plus qu'un support parmi d'autres. « Il est évident que le site Internet va être rapidement le pôle de prospérité de la presse écrite, annonce le poète Barbier. C'est par Internet que reviendront les recettes publicitaires perdues sur les petites annonces d'emploi ou la publicité commerciale. Il faut donc avoir un site puissant pour faire un maximum de pages vues pour qu'on vende autant d'encarts pub et de pages pub Internet que possible. J'ai donc décidé de mettre la rédaction du news au service du net. » Les journalistes de *L'Express* vont-ils devoir apprendre à présenter la météo sur i-phone ? Oui, qu'ils s'y préparent, puisqu'il faut « déjà penser à la suite, qui est le journalisme adapté au téléphone portable. Quels services va-t-on pouvoir offrir ? Mon édito est adapté au Web, mais est-il adapté au téléphone portable ? Qualité sonore, qualité d'image, c'est compliqué. »

Pour l'instant, poursuit le visionnaire Barbier avec enthousiasme, « on n'est pas encore en mesure de produire une vraie radio ou une vraie télé. La formation se fait un peu sur le tas. Selon leurs capacités, les journalistes choisissent le support sur lequel ils vont s'exprimer sur le net. Mais, à terme, j'aimerais bien qu'on puisse former les gens non seulement à parler devant une caméra, mais à se servir d'une caméra. Il faut qu'on ait une montée en puissance régulière là-dessus. » Le contremaître de Rik De Nolf incite d'ailleurs « tous les journalistes de cette maison à aller dans les émissions de radio, de télé : c'est bon pour le journal. C'est ce que j'appelle le service avant-vente ».

Dans ce registre, il paie d'ailleurs de sa personne : « Je suis l'ambassadeur de la marque, un peu comme Claudia Schiffer a pu l'être avec L'Oréal ! » Et de fait, animateur d'une émission matinale sur LCI (groupe Bouygues) et invité presque permanent d'Yves Calvi (« C dans l'air », sur France 5), Barbier mène la vie nomade et endiablée d'un top model du journalisme. Sa journée type ? « Lever 5 h 15, arrivée à LCI 6 heures. De 6 heures à 6 h 15, je construis ma chronique avec le présentateur. De 6 h 15 à 7 heures, j'écris les questions de l'invité, de 7 heures à 7 h 20, j'écris ma chronique. De 7 h 20 à 7 h 30, maquillage. De 7 h 30 à 7 h 45, je corrige les questions pour l'invité avec mon assistante en intégrant les nouveautés de la nuit. 7 h 45, ma chronique. J'en sors à 7 h 53, l'invité est là souvent. Il se maquille, on discute, on boit un café. À 8 h 25, c'est fini, on se démaquille. 8 h 30, moto-taxi jusqu'à *L'Express*. 8 h 50, je fais le point avec mes deux adjoints. 9 h 15, conférence de rédaction jusqu'à 10 heures–10 h 15. La moitié de mes déjeuners avec les politiques, l'autre en interne. Au moins une réunion par jour, essayer de voir les journalistes en tête à tête, relecture de copies plutôt le soir. Écriture de mon édito le dimanche. Le soir, soit j'ai des dîners, soit je vais au théâtre parce que j'adore ça, soit je rattrape le retard dans le travail. Et donc je me couche vers 1 heure du matin. » Quand prend-il le temps de réfléchir aux « grandes questions d'actualité » dont il abreuve le public de LCI et de *L'Express* ? Sur son moto-taxi, probablement. Et, vu le résultat, c'est largement suffisant.

Car, en attendant d'incruster son écharpe rouge sur les cristaux liquides de Bouygues Télécom, Barbier continue de disserter sur le cours du monde. Ainsi, en janvier 2009, lorsque l'armée israélienne pilonne la population de Gaza, le proustien heureux tape dans ses mains : « Israël agit pour nous. [...] Israël a raison de mener cette guerre et, même si le Hamas n'est pas djihadiste, il le fait aussi pour notre tranquillité, ce qu'il est honteux de ne pas reconnaître »

(*L'Express*, 15 janvier 2009). Mille cinq cents morts, cinq mille blessés et un territoire en ruines, « pour notre tranquillité » ? Quand d'autres se contentent de louer le caractère sportif et démocratique des bombes au phosphore de Tsahal, le petit Christophe les compte une à une pour s'endormir le soir.

Du bac à sable à l'hospice la route cependant est parfois plus glissante que prévu. Dans les années 1970, Jean Ferrat observait déjà à propos des jeunesses giscardiennes, emblème de la génération qui a enfanté celle de Barbier : « Dans la marmite aux idées tout' faites / Leur bouillie cuit depuis si longtemps / Qu'ils ont déjà l'âge de la retraite / Avant mêm' d'avoir eu mal aux dents. »

Jacques Attali, l'insubmersible imposteur

*par Mathias Reymond**

« À longueur de chronique, je fustige ici la superficialité, le mensonge, l'inexactitude, le désir de l'instant, le souci de l'immédiat. »

Jacques ATTALI, *L'Express*, 22 mars 2004.

Major de Polytechnique, énarque, ingénieur du corps des mines, économiste, auteur d'une cinquantaine d'ouvrages (il en signe trois par an les années fastes), analyste politique, ex-conseiller spécial de François Mitterrand, ex-président de la BERD (Banque européenne pour la reconstruction et le développement) et consultant en entreprise (avec sa société de conseil en stratégie, Attali & Associé), Jacques Attali, éditorialiste à *L'Express* et chroniqueur sur Europe 1, est un homme-orchestre. Multicasquette et multicarte, omniprésent et omniscient, ami des puissants et copain des artistes,

* Maître de conférences en sciences économiques et coanimateur de l'association Acrimed (Action-critique-médias). Ce chapitre n'aurait pas pu être réalisé sans les bases de données d'Acrimed (<www.acrimed.org>), de PLPL (<www.plpl.org>), du *Plan B* et de celle, plus personnelle, de Denis Perais.

ce touche-à-tout dispose d'un impressionnant réseau de relations tissé à l'intérieur du monde des affaires, de la politique et des médias, qui lui permet depuis 1973 et son premier passage télévisé sur l'ORTF, d'occuper le devant de la scène médiatique. En 1998, il déclare d'ailleurs, sans fausse modestie : « Déjà quarante chefs d'État m'appellent par mon prénom. »

Précisons-le d'emblée : les innombrables casseroles politico-financières qui lui collent à la peau ne seront pas rappelées ici. Nous ne nous attarderons pas sur l'affaire des ventes d'armes à l'Angola dans laquelle il a été mis en examen en 2001 [1] et nous ne reviendrons pas sur les soupçons de financement occulte de la ville de Saint-Pétersbourg qui pèsent sur lui [2]. Nous n'évoquerons pas non plus le rôle qu'il aurait joué dans la hausse suspecte de l'action de Danone en 2005 (que conseillait Attali) et qui a éveillé quelques suspicions auprès de l'Autorité des marchés financiers [3]. Et sa gestion peu académique de la BERD (1991-1993) et son goût pour le marbre ne seront même pas abordés [4]...

Nous lui ferons également grâce de ne pas dénoncer son double discours à propos des stagiaires rémunérés à hauteur de 400 euros par mois au sein de son association PlaNet Finance, alors qu'il préconise dans son rapport « pour la libération de la croissance française » (sur lequel nous reviendrons) que « les étudiants en stage [soient]

1 *L'Humanité*, 11 mars 2001.

2 *Le Parisien*, 6 mars 2004.

3 Voir Xavier Monnier, « L'Autorité des marchés financiers aimerait faire un rapport sur Attali », *Bakchich.info*, 22 janvier 2008.

4 Le coût de la construction du siège de la banque s'est élevé à 560 millions de francs (*L'Humanité*, 17 juillet 1993). Il a été accusé d'avoir eu la brillante idée de restaurer le hall d'entrée du bâtiment en marbre de Carrare – ce qu'il démentira ensuite formellement. Mais, après cette affaire, Jacques Attali sera contraint de démissionner.

décemment rémunérés » et que les entreprises « qui recourent de façon récurrente aux stagiaires pour occuper des postes de travail, au lieu de recruter des jeunes de façon pérenne, doivent en être dissuadées [5] ». Non, nous lui ferons grâce de tout cela et nous nous intéresserons seulement à Jacques Attali l'auteur. À Jacques Attali le Grand Commentateur de Tout.

Le « roi des ondes »

Parce qu'il a la plume alerte et qu'il cite avec brio et élégance le philosophe Pascal et l'économiste Turgot, parce qu'il était le protégé de François Mitterrand et que Nicolas Sarkozy l'a désigné pour présider la « Commission pour la libération de la croissance française », parce qu'il est énarque et s'est constitué un réseau d'obligés qu'il ne faut pas froisser, Jacques Attali est aussi le chouchou des médias. Pour preuve, il devient le référent obligatoire des journalistes dès qu'il est question de finance, de nomadisme, de microcrédit ou de prévision économique. En prime, chacun de ses ouvrages déclenche un torrent de louanges et de complaisances.

Passer un mois sans faire entendre le son de sa voix devient impossible pour un média. Sur France Inter par exemple, il est invité au moins vingt fois durant deux années, 2007 et 2008 [6]. Il a été convié plus de quarante fois

5 *Libération*, 6 août 2009.

6 On le retrouve – merci Nicolas Demorand – dans les matinales de France Inter (l'émission la plus écoutée de la radio) les 24 janvier 2007, 6 juin 2007, 16 août 2007, 16 octobre 2007, 17 novembre 2007, 14 août 2008, 1er octobre 2008 et 3 novembre 2008 ; dans « Rue des entrepreneurs », les 6 janvier 2007, 4 août 2007 et 2 février 2008 ; dans « L'humeur vagabonde », les 22 janvier 2008 et 18 septembre 2008 ; dans « Le franc parler », les

sur France 2 et France 3 sur une période plus large (de janvier 2005 à fin décembre 2007) [7]. Et la presse écrite n'est pas en reste, puisque les quotidiens nationaux publient régulièrement ses tribunes et points de vue dans leurs colonnes...

Europe 1, son employeur depuis septembre 2007, lui fait office de résidence secondaire. Après sa chronique dominicale, Attali demeure parfois à l'antenne quelques minutes de plus, afin de présenter son dernier livre aux auditeurs (par exemple le 1er février 2009). Chacun de ses ouvrages (en général édités chez Fayard, propriété de Lagardère) est soigneusement promu sur Europe 1 (propriété de Lagardère) et encensé par Jean-Pierre Elkabbach (propriété de Lagardère), comme ce fut le cas pour sa *Brève histoire de l'avenir* (2006), dont l'ex-patron d'Europe 1 avait dit : « Bientôt un classique ! Jacques Attali est le prophète qui nous donne quelque chance de nous en sortir. »

À *L'Express*, où tous ses livres sont lus avec enthousiasme, la consigne est la même. À ce petit jeu, l'éditorialiste Christian Makarian apparaît comme le grand vainqueur en rendant compte en 2009 du *Dictionnaire amoureux du judaïsme* : « Dans un exercice d'érudition, [...] Jacques Attali, qui aime les défis, accomplit un tour de force en nous livrant un passionnant *Dictionnaire amoureux du judaïsme* [8]. » Puis, plus loin, il appuie, « ce dictionnaire est peut-être une de ses œuvres les plus sincères et les plus humbles », avant de s'émouvoir :

---

29 octobre 2007 et 2 juin 2008 ; dans « Le Fou du roi », le 17 décembre 2007 ; dans « J'ai mes sources » le 19 janvier 2007 ; dans le « Zapping de France Inter » le 13 janvier 2007 ; dans « 2000 ans d'histoire » le 19 novembre 2007 ; et dans « Allo la planète » le 4 janvier 2007.

7 Dans les émissions suivantes : « Les 4 vérités », « Culture et dépendances », « Campus », « Mots croisés », « Vivement dimanche », « À vous de juger », « Esprits libres », « Ce soir ou jamais », « Soir 3 », « Le 19-20 », le 13 heures, le 20 heures...

8 *L'Express*, 29 janvier 2009.

« Surgit, page après page, un autre Jacques Attali, pudique et secret, mais profondément épris d'une spiritualité dont il veut nous faire partager les trésors. » Et de conclure : « Attali nous livre un dictionnaire de la mémoire et de la conscience juives à usage universel. » Fermez le ban !

(Grosses) approximations et (vastes) emprunts

Il n'est évidemment pas question de nier l'étendue des connaissances de Jacques Attali, dont la panoplie embrasse la politique française, les conflits internationaux, l'écologie, l'informatique, la finance, la croissance économique, la grippe A et la culture. Mais la lecture attentive de ses écrits offre aux lecteurs quelques surprises. Dans une chronique parue dans *L'Express* du 15 mars 2004, au lendemain des élections législatives espagnoles, l'éditorialiste glose sur la victoire de la droite espagnole... alors que ce sont les socialistes qui viennent de l'emporter : « Aujourd'hui, ne sont plus à gauche que les gouvernements suédois, britannique et allemand. [...] Après la Grèce, qui vient de passer à droite, après l'Espagne, on verra sans doute le Luxembourg conforter très largement sa majorité libérale. » Plus loin, il réitère : « Après l'attentat de Madrid, la victoire de la droite en Espagne le confirme. » La bévue vient du fait que l'auteur avait parié – avant le bouclage du journal – sur la victoire des conservateurs [9]. Rien ne sert de courir, il faut partir à point.

---

9 Voir Stéphane LEROY, « Espagne : Attali manie mieux la gomme que le crayon », <www.acrimed.org>, 1er avril 2004.

Cette prédiction ratée indique simplement que Jacques Attali ne peut pas être spécialiste de tous les sujets. Ses journées sont longues : ses interventions dans les médias, la rédaction de ses livres, ainsi que ses activités au sein de son association (PlaNet Finance) et de sa société de conseil (A & A) ne lui laissent pas autant de temps qu'il le souhaiterait pour s'informer.

Lorsqu'il s'attelle par exemple à la biographie de Karl Marx (après celle de Blaise Pascal et avant celle de Gandhi), l'auteur paraît découvrir le sujet et commet un nombre considérable d'erreurs factuelles et d'approximations historiques [10]. Jacques Attali prétend que la Douma a été dissoute à la fin de 1905, alors qu'elle ne sera élue qu'en avril 1906. L'assassin de Jean Jaurès, Raoul Villain, était selon lui un « anarchiste », alors qu'il était proche des ultranationalistes et des monarchistes. Toujours selon Jacques Attali, « Staline a été promu au secrétariat général du Parti à la mort de Lénine », alors qu'il a été nommé secrétaire général du comité central le 4 avril 1922, lors d'une réunion à laquelle Lénine a participé. Contrairement à ce qu'écrit le biographe occasionnel de Marx, les dirigeants du Parti communiste allemand August Thalheimer et Heinrich Brandler n'ont jamais été rapatriés en URSS et n'ont jamais été éliminés. Enfin, parmi les plus belles perles, retenons celle-ci : Attali confond le Palais d'été (situé à Pékin) et le Palais d'hiver (Saint-Pétersbourg). Comme le confia un jour François Mitterrand, Jacques Attali « est peut-être devenu

10 Comme l'a souligné avec justesse l'historien Jean-Jacques Marie, « Jacques Attali, un faussaire au petit pied », *Les Cahiers du mouvement ouvrier*, n° 27, août 2005.

plus soucieux du nombre de ses lecteurs que de vérité historique [11] ».

Mais ces récentes (et répétitives) approximations ne doivent pas faire oublier le lourd passé éditorial de Jacques Attali. En 1982, le conseiller de François Mitterrand publie une *Histoire du temps* chez Fayard. L'ouvrage est alors un véritable récital de copier-coller. Au moins trois auteurs sont plagiés : Ernst Jünger avec *Essai sur le temps* (Bourgois, 1980), Jean-Pierre Vernant avec *Mythe et pensée chez les Grecs* (Maspero, 1965) et Jacques Le Goff avec *Pour un autre Moyen Âge* (Gallimard, 1977) [12]. S'il copie mot pour mot certains passages du texte de Jünger [13], il n'a aucun scrupule à faire quelques arrangements avec ceux de Vernant et Le Goff. Ainsi cette phrase chez Vernant : « Chaque race possède sa temporalité propre, son âge, qui exprime sa nature particulière et qui, au même titre que son genre de vie, ses activités, ses qualités et ses défauts, définit son statut et l'oppose aux autres races », devient chez Attali : « Depuis cet âge, chaque race humaine possède sa temporalité propre, son "âge", qui exprime sa nature particulière et qui, au même titre que son genre de vie, ses activités, ses qualités et ses défauts, définit son statut et l'oppose aux autres races. »

Onze années passent. En 1993, une autre polémique éclate, cette fois à propos de l'ouvrage *Verbatim* (Fayard), recueil d'entretiens entre François Mitterrand et différents interlocuteurs, dont Élie Wiesel. L'éditeur de ce dernier, Odile Jacob, assure alors que quarante-trois passages de ce

---

11 Cité par Pierre Favier et Michel Martin-Roland, *La Décennie Mitterrand*, tome 4, Seuil, Paris, 2001, p. 722.

12 Voir <www.leplagiat.net/Page015.html>.

13 Notamment celui-ci : « La gnomonique était déjà une science exacte chez les Égyptiens. Le calcul des heures solaires, tant d'après la longueur que d'après la direction de l'ombre leur était familier. »

qui devait devenir un livre de conversations entre le président et le prix Nobel de la paix [14] ont été reproduits dans celui de Jacques Attali [15]. Mais le culot d'Attali n'a pas de limite, puisqu'il va même jusqu'à changer les dates et les lieux des conversations et prétendre que les propos de Mitterrand furent recueillis par lui-même et non... par Élie Wiesel [16]. La controverse ne s'arrête pas là. À tour de rôle, Jack Lang, Robert Badinter, Pierre Mauroy et Laurent Fabius affirment que leurs propos ont été déformés...

Apparemment, l'honnêteté intellectuelle semble être un trait de caractère superflu chez notre écrivain. Plus récemment, lors de l'émission « Ripostes » consacrée à François Mitterrand (France 5, 8 janvier 2006), alors que sont évoquées les relations de l'ancien président avec Vichy et la Résistance, Attali, péremptoire, lâche : « J'ajoute, là-dessus, que beaucoup de gens qu'on nous présente comme des héros, des repères moraux, je pense en particulier à Jean-Paul Sartre ou Albert Camus, à cette même époque où Mitterrand est dans la Résistance, sont en train de boire des coups à Saint-Germain, *avec les Allemands* [17]. »

Ces propos ont le don d'énerver Claude Lanzmann. L'ancien secrétaire de Sartre rappelle dans *Libération* (31 janvier 2006) que c'est à cette époque que le philosophe a publié *L'Être et le Néant* et que si ses pièces – *Les Mouches* et *Huis Clos* – étaient jouées dans la France occupée, c'était

14 Élie Wiesel et François Mitterrand, *Mémoire à deux voix*, Odile Jacob, Paris, 1995.

15 Voir *L'Humanité*, 22 mai 1993.

16 S'il n'a pas cité Élie Wiesel, c'est « par respect pour lui. Je n'ai pas voulu l'y mêler dans la mesure où je savais qu'il allait utiliser cela dans son propre livre » (*ibid.*). De son côté Élie Wiesel s'est dit « blessé » et « déçu » : « Il a manipulé des textes, des dates, des lieux, ça c'est grave. [...] Il s'est substitué à moi comme interlocuteur » (20 heures, TF1, 20 mai 1993).

17 C'est nous qui soulignons.

surtout parce que la censure allemande était peu perspicace. « Le public d'abord, ajoute-t-il, puis les critiques des journaux collaborationnistes comprirent parfaitement, eux, l'injonction à la révolte et le dynamitage radical qui sont le cœur, alors, du théâtre de Sartre. »

Mais, dans cette affaire, le plus cocasse est à venir. Agacé donc par une telle déformation de la vérité, Claude Lanzmann appelle Jacques Attali pour comprendre. S'ensuit une étonnante conversation retranscrite par le réalisateur de *Shoah* lui-même : « Je n'ai jamais dit "avec les Allemands", m'a-t-il d'emblée rétorqué, [...] j'ai dit qu'ils "buvaient des verres à Saint-Germain-des-Prés pendant l'Occupation". » « Non, vous avez dit qu'ils buvaient non pas des verres mais des "coups avec les Allemands". Je sais ce que j'ai dit, je n'ai jamais dit "avec les Allemands", je ne suis pas gâteux. » « J'ai la cassette, voulez-vous que je vous la fasse entendre ? » Le ton monte : « Je sais ce que j'ai dit, je n'ai pas d'admiration pour ces gens-là, j'ai simplement voulu dire qu'ils ont manqué de courage physique. Au revoir, monsieur. » « Un instant encore, je vous prie. Sartre était physiquement très courageux, je l'ai vu se battre contre plus forts que lui, mais ce n'est pas la question. Je répète que vous avez dit : "Ils buvaient des coups avec les Allemands". » Derechef : « Je ne suis pas gâteux tout de même. » « Vous n'êtes pas gâteux ? » « Au revoir, monsieur. » Ainsi se termina cette édifiante conversation [18].

Jacques Attali pourrait faire sienne la phrase de Gustave Flaubert : « On se sauve de tout par l'orgueil. » Même du ridicule...

18 *Libération*, 31 janvier 2006.

Jacques le Modeste

Notre spécialiste a un avis sur tout et se plaît à imaginer des situations insolites. En août 2009, à propos du choix du candidat de la gauche à l'élection présidentielle de 2012, il s'impatiente : « Si on ne trouve pas rapidement de solution claire à ce problème, tous ceux qui piaffent de voir leur tour arriver refuseront la légitimité des procédures en place et se présenteront. Nous aurons alors au moins cinq candidats venus du PS (Ségolène Royal, Martine Aubry, Vincent Peillon, Manuel Valls et Arnaud Montebourg), pendant que quelques-uns des meilleurs (Dominique Strauss-Kahn et Laurent Fabius) s'abstiendront [19]. » Avant de fantasmer : « Cela permettra à Olivier Besancenot d'accéder au second tour, face à Nicolas Sarkozy, qui sera réélu avec 80 % des voix. » Dans ce cas, on peut facilement prédire vers qui se portera le vote de Jacques Attali...

Il n'est pas non plus avare de déclarations péremptoires. En avril 2004, dans une chronique guerrière intitulée « Lâchetés... », Jacques Attali stigmatise le Premier ministre Jean-Pierre Raffarin, qui avait appelé les ressortissants français en Irak à quitter le pays : « Une attitude de fuite. [...] Au lieu de fuir, les Européens devraient réaliser qu'ils auraient tout à perdre à une défaite américaine et définir une position commune visant à aider la victoire de la démocratie en Irak [20]. » Le jeu de la politique française stimule chez lui quelques proclamations pittoresques. Ainsi, quand on lui demande fin 2006 ce que lui inspirerait la candidature à l'élection présidentielle de Nicolas Hulot, il

---

19 *L'Express*, 27 août 2009.

20 *L'Express*, 19 avril 2004 (cité dans *PLPL*, n° 20, juillet-août 2004).

lâche : « Elle aiderait à faire que Le Pen soit au second tour ! [...] D'ailleurs Bayrou aussi, est un allié objectif de Le Pen [21]. »

L'écrivain a également un parcours politique et idéologique chaotique : mitterrandien sous Mitterrand, il devient, sans honte, sarkozyste sous Sarkozy, passant de conseiller spécial du président socialiste à président de la commission « pour la libération de la croissance ». Ancien ami de Coluche et parolier occasionnel de Barbara, il n'hésite pas aujourd'hui à réclamer 20 000 euros pour chacune de ses conférences.

Pendant l'été 2009, il est invité partout dans les médias pour commenter les effets de la crise financière et pour répéter inlassablement le même discours critique à l'égard de la globalisation financière. Il assène par exemple que « aucun pouvoir, aucun contre-pouvoir n'a plus la moindre influence sérieuse sur le cours des événements, parce que l'humanité s'est laissé déborder par les systèmes qu'elle a créés, à commencer par le marché [22] », et qu'il « faudrait donc avoir le courage, aujourd'hui, de s'attaquer aux règles du jeu et non aux joueurs ».

Mais Jacques Attali et ceux qui lui tendent un micro ont la mémoire courte. Dans son rapport sur la « libération de la croissance » rendu quelques mois plus tôt, il préconisait que toute l'épargne des Français soit propulsée sur les marchés financiers, il demandait que soient « multipliées les initiatives communes entre les enseignements supérieurs et les institutions financières » et réclamait que le système de retraite par répartition disparaisse et soit remplacé par

21 *Le Parisien*, 19 novembre 2006.
22 *L'Express*, 13 août 2009.

l'« épargne retraite »[23]... Et quand *Le Figaro*, d'habitude peu enclin à critiquer le libéralisme, admet que « le rapport suscite la polémique, tant il veut aller loin dans la déréglementation » (24 janvier 2008), Attali sort de ses gonds : « Il ne s'agit pas de déréglementation. Il s'agit de créer les conditions à une concurrence plus vaste. » En effet, cela n'a rien à voir[24]...

Avec ce rapport, l'économiste a les chevilles qui enflent. « C'est au président et au gouvernement, annonce-t-il, de décider ce qu'ils veulent faire du rapport, ils porteront aux yeux de l'Histoire la responsabilité d'avoir saisi ou laissé passer cette chance unique de réformer[25]. » La modestie n'est pas la marque de fabrique de Jacques Attali. Le 25 février 1999, déjà, il déclare, « sans rire », à un journaliste de *Libération* : « J'ai écrit vingt-huit livres, traduits en dix-sept langues et deux millions d'exemplaires vendus. Pas mal, non[26] ? »

Grand adepte de la mondialisation, son excellence a ses petites colères. En 1999, il s'énerve dans *Marianne* à propos de la campagne d'opposition à McDonald's : « Cette affaire montre que notre identité est encore en partie xénophobe. On refuse la mondialisation en la fantasmant. On refuse d'accueillir la nourriture de l'autre[27]. » Il n'y avait pourtant pas eu d'opposition à l'installation de restaurants japonais à Paris ou de sandwicheries turques à Marseille... Revenant dans *L'Express* (3 janvier 2005), le trémolo dans la plume, sur le tsunami en Thaïlande, Jacques Attali montre qu'il a une

---

23 Voir Frédéric LORDON, « Les disqualifiés », *Le Monde diplomatique*, novembre 2008.

24 Voir Serge HALIMI, « Jacques Attali, magicien », <www.monde-diplomatique.fr>, 25 janvier 2008.

25 *Le Monde*, 24 janvier 2008.

26 Cité dans *Le Plan B*, n° 8, juin-juillet 2007.

27 *Marianne*, 13 septembre 1999 (cité dans *PLPL* n° 9, avril 2002).

vision très singulière de la solidarité : « Cette mort simultanée de peuples premiers et de touristes venus d'Occident, de nomades contraints et de nomades ludiques, nous renvoie à la réalité de notre société, où riches et pauvres se mêlent, se côtoient, involontairement solidaires. » Il faut oser...

C'est encore le même Jacques Attali qui n'hésite pas à déclarer en 1999 que « la libéralisation des échanges est une nécessité [et qu']elle doit se poursuivre [28] ». C'est toujours le même qui depuis des lustres, à longueur de chroniques dans *L'Express* ou sur Europe 1, vante le marché, la déréglementation et les microcrédits – ces prêts de faible montant faits à des pauvres à des taux exorbitants. Et cela n'abîme en rien son aura médiatique...

28 *Capital*, septembre 1999.

Alexandre Adler
ou l'imagination au pouvoir

par Sébastien Fontenelle

L'omniscient Alexandre Adler[1], éditorialiste multicarte né en 1950 et qui officie depuis 2002 dans les pages (privées) du *Figaro* et à l'antenne (publique) de France Culture, après être notamment passé depuis les années 1980 par *Libération*, *Courrier international*, *Le Monde* et *Le Point*, est partout présenté comme « l'un des plus grands spécialistes de géopolitique internationale contemporaine[2] » – ou, plus sobrement, selon Wikipédia, comme un « spécialiste des relations internationales ». Et, de fait, l'intéressé donne régulièrement son avis sur les affaires du monde sous la forme, notamment, de hardis pronostics où se devine l'influence déterminante de Michel de Nostredame, *alias* Nostradamus. Malheureusement, il est, fort souvent, cruellement démenti par la réalité.

---

1 Voir Mathias Reymond, « Alexandre Adler, portrait d'un omniscient », *Le Monde diplomatique*, juin 2005.

2 *Le Rapport de la CIA. Comment sera le monde en 2020 ?*, présenté par Alexandre Adler, Pocket, Paris, 2006.

Le Nostradamus des urnes

Le 8 mars 2003, par exemple, après s'être livré, explique-t-il dans *Le Figaro*, à une « observation minutieuse de certains faits » et sur la foi aussi de « certaines hypothèses », d'« intuitions » et d'assez mystérieuses « appréciations psychologiques », Alexandre Adler énonce doctement que la seconde guerre d'Irak, un peu comme celle de Troie, « n'aura peut-être tout simplement pas lieu [3] ». Las, douze jours plus tard, déjouant cette audacieuse prédiction, George W. Bush lance ses GI's à l'assaut de Bagdad…

Mais c'est lorsqu'il s'aventure dans la divination électorale que ce « médiacrate tout terrain [4] » est au meilleur de sa forme. En 2003, toujours, il annonce ainsi que le candidat démocrate John Kerry « va gagner d'une courte tête », aux États-Unis, l'élection présidentielle de novembre 2004. Très mauvaise pioche : comme on le sait, c'est le candidat républicain sortant, George W. Bush, qui l'emportera, bissant son pénible mandat. Mais sa victoire ne dissuade nullement la pythie Adler de continuer à formuler, au fil des ans, de (très) burlesques prédictions.

Le 26 janvier 2006, analysant sur France Culture, avant qu'ils ne soient complètement connus, les résultats d'élections palestiniennes d'où le Hamas islamiste sortira grand vainqueur, battant largement le Fatah, il assure que ce dernier « a résisté à l'érosion et représente » toujours le « premier parti palestinien », de sorte que « la direction palestinienne restera entre des mains laïques ». Le

---

3 *Le Figaro*, 8 mars 2003.

4 Mathias Reymond, « Les facéties d'Alexandre Adler : expert en variations et médiacrate tout terrain », Acrimed, 13 octobre 2004.

lendemain, le futurologue amateur, de nouveau rudoyé par les faits, concède à l'antenne cette émouvante confession : « Hier, j'ai fait une analyse qui est rigoureusement inverse de la réalité, s'agissant des élections palestiniennes. » Mais le ridicule ne tue pas et il en faudrait beaucoup plus pour dissuader Alexandre Adler de livrer au monde ses vues sur l'avenir.

Le 29 septembre 2007, il assure donc, dans *Le Figaro*, que « les États-Unis s'acheminent vraisemblablement vers un conflit », aux urnes, « entre [...] Hillary Clinton et Rudy Giuliani », maire républicain de New York. Encore raté ! L'élection présidentielle de novembre 2008 se jouera, on le sait, entre John McCain et Barack Obama. Alexandre Adler, en somme, a ceci de spécial qu'il se trompe régulièrement lorsqu'il s'essaie à l'anticipation, en particulier électorale. Mais, en dépit de cette remarquable addiction au fourvoiement, la presse et l'édition continuent – la foi déplace des montagnes – de le présenter comme un « expert incontesté des questions de géopolitique internationale ». *Libération* le portraiture même – quand on aime, on ne compte pas –, comme le « Balzac de la géopolitique [5] ».

5 *Libération*, 8 août 2002.

« Un esprit indépendant, libre de tout engagement et de toute contrainte partisane »

Plus original encore, l'un de ses éditeurs le présente, dans un livre paru en 2008 [6], comme un « esprit indépendant, libre de tout engagement et de toute contrainte partisane ». Problème : l'éditorialiste supposément émancipé se présente lui-même, dans cet ouvrage, comme un « intellectuel engagé », notamment « dans le camp sioniste ».

De fait, depuis les années 1990, Alexandre Adler ne ménage jamais sa peine lorsqu'il s'agit de soutenir le gouvernement israélien, fût-ce au prix d'une certaine rudesse verbale. En septembre 2001, un an après le début de la « seconde Intifada », lorsqu'un journaliste de TV5 lui rappelle que « des centaines d'enfants palestiniens [...] sont tombés sous les balles » de l'armée israélienne, l'éditorialiste engagé lui répond, sans trop s'émouvoir : « Ils sont tombés sous les balles, mais ce n'étaient pas que des enfants. La plupart sont des adultes, tout de même ; et puis le rapport, aujourd'hui, de 200 morts israéliens pour 600 palestiniens, ce un à trois n'est pas excessif [7]. » Et d'ajouter, dans une comparaison surprenante : « Je ne pense pas que pendant la guerre d'Algérie, on soit arrivé à des ratios de ce genre. » Conclusion : « Ça prouve que même Sharon, qui n'est pas un modéré notoire, n'a pour l'instant pas donné la pleine puissance de répression israélienne. » Et certes : ce

---

6 Alexandre ADLER et Gilles-William GOLDNADEL, *Conversation sur les sujets qui fâchent*, Jean-Claude Gawsewitch, Paris, 2008.

7 Cité par *PLPL*, n° 11, octobre 2002. Nombre des références du présent chapitre ont été puisées dans ce numéro.

discret hommage à la « retenue » d'un homme, Ariel Sharon, qui a tout de même quelques morts sur la conscience – ceux de Sabra et Chatila en 1982, par exemple –, peut étonner. Mais Alexandre Adler a de certaines réalités une perception très particulière : il juge par exemple que le général Jacques Massu, connu pour avoir organisé pendant la guerre d'Algérie l'usage de la torture, « était l'un des hommes les plus à gauche de toute l'armée française [8] ». À partir de là, évidemment...

Alexandre Adler est ainsi : un peu agressif. Le temps ne change rien à l'affaire et n'adoucit nullement sa posture « libre de tout engagement », mais tout de même assez « engagée » : le 8 janvier 2009, dans l'émission de France 3 « Ce soir ou jamais », invité à donner son avis sur l'offensive israélienne « Plomb durci », qui fera à Gaza plus de 1 300 victimes – parmi lesquelles, de nouveau, des centaines d'enfants –, il s'exclame, vaguement exaspéré : « Bien sûr que non, je ne la condamne pas ! » Six mois plus tard, il dresse des lauriers au très rigide Premier ministre israélien Benyamin Netanyahou, qui ose d'après lui « jouer le pragmatisme contre l'intransigeance » en formalisant par des mots la « reconnaissance de deux États, palestinien et israélien [9] ». Dans la vraie vie, Benyamin Netanyahou « est en fait revenu en arrière par rapport à l'époque Sharon », puisque l'État palestinien « démilitarisé, donc privé d'un attribut essentiel de sa souveraineté » qu'il a en effet évoqué du bout des lèvres, ne serait « pas un État [10] ». Au reste, quelques semaines plus tard, en septembre 2009, ce politicien qui

8 France Culture, 8 juin 2002.

9 *Le Figaro*, 27 juin 2009.

10 Jean-Yves Camus, « L'opinion publique, la classe politique israélienne et le discours de Benyamin Netannyahou », Association France Palestine Solidarité, 28 juin 2009.

joue si bien du pragmatisme contre l'intransigeance confirmera la « construction de plus de 450 nouveaux logements dans les colonies juives de Cisjordanie [11] » : en nouveau gage, probablement, de son ouverture d'esprit. Mais ce sont là, on le suppose, de négligeables à-côtés...

Du Komintern aux « néocons » : la bascule d'Alexandre le rouge

Pour bien comprendre comment fonctionne Alexandre Adler, il n'est pas inutile de se rappeler qu'il fut naguère communiste. Pour sidérant que cela puisse paraître aujourd'hui au regard de sa production éditoriale, il se prévalait alors d'appartenir « corps et biens » à la « gauche française » – et cravachait, durement, les « fascistes en cravate » des « cabinets ministériels » giscardiens [12]. Il a intégré à l'âge de dix-huit ans le Parti communiste français (PCF) – en 1968, l'année même où les troupes soviétiques écrasaient dans le sang l'insurrection de Prague. Il y a passé douze années, il a notamment été professeur à l'École centrale du Parti, où il a dû apprendre à structurer sa pensée. Lui-même admet volontiers venir « des profondeurs du Komintern [13] », image qui ne laisse pas d'impressionner.

Depuis, le « Balzac de la géopolitique » a jeté aux orties sa défroque de missionnaire communiste, pour se plonger plutôt dans l'orthodoxie capitaliste, s'affirmant au fil des années comme l'une des plus marquantes figures du

11 *Libération*, 8 septembre 2009.
12 *Le Débat*, septembre 1980.
13 Daniel LINDENBERG, *Le Procès des Lumières*, Seuil, Paris, 2009, p. 146.

néoconservatisme à la française. Il explique lui-même en 2008 : « Je suis proche des néoconservateurs, je suis ami de Richard Perle depuis longtemps, je connais et j'apprécie Paul Wolfowitz, donc après tout cette épithète ne me gêne pas. Et puis, s'il s'agit de dire que je suis un sale Juif, évidemment que j'accepte d'être néoconservateur [14]. » Étrange profession de foi, qui affirme en somme que tout Juif serait nécessairement dans le camp de la réaction la plus radicale...

Mais l'engagement sioniste revendiqué de notre chroniqueur suffit-il à expliquer son impressionnante bascule du Komintern aux « néocons » ? Pour plusieurs de ses anciens collègues du quotidien *Libération*, où il a officié comme éminent soviétologue de 1980 à 1992 (avec un bref passage au *Matin de Paris* en 1983 et 1984), la principale explication serait ailleurs. En 1989, son ami le ministre socialiste de la Défense Jean-Pierre Chevènement le pressent pour devenir professeur au Collège interarmées de défense (l'ancienne École de guerre), où il enseignera à la chaire de relations internationales de 1992 à 2000. D'abord goguenards, les militaires seront vite bluffés par la faconde du personnage et par son ébouriffante érudition, qui doit beaucoup à l'hypermnésie (une mémoire d'une précision phénoménale) dont il est affecté – elle lui permettait par exemple d'aligner par cœur, devant ses camarades éberlués de *Libération*, la liste complète des membres successifs du comité central du PC de l'Union soviétique... Son talent de bateleur, plus que ses compétences aléatoires en matière de géopolitique mondiale, lui ouvrira alors des portes au sein du petit monde feutré des grandes entreprises du complexe

14 Alexandre ADLER et Gilles-William GOLDNADEL, *Conversation sur les sujets qui fâchent, op. cit.*

militaro-industriel français. Comme celles du groupe Matra-Hachette de Jean-Luc Lagardère, dont il deviendra un « consultant » personnel chargé de lui expliquer les mystères des désordres du monde.

Est-ce vraiment cette plongée inattendue de l'ancien « kominternien » dans le monde fascinant du grand capital qui explique sa reconversion à la pensée dominante, réactionnaire et libérale ? En 2002, *Le Figaro*, qui l'emploie désormais, n'a en tout cas pas manqué de la saluer, en des termes choisis : « Après un passage au Parti communiste, qu'il a quitté en 1980 », Alexandre Adler « s'est converti à l'économie de marché, dont il s'est fait l'apôtre zélé. Désormais il rêve davantage de Californie que de changer la vie [15] » et se plaît à déclamer, gourmand, que « le marché a une valeur morale : il attribue la prime au meilleur et permet l'utilisation optimale des biens rares ». Ça ne veut rien dire, mais cela doit avoir, du moins, le mérite de ravir le lectorat du principal quotidien de la droite française.

De la même manière : l'empressé converti doit faire la pâmoison du Medef quand, en 2004, il déplore que la France, vaste conglomérat de feignants, soit désormais « un pays convaincu que si nous travaillons 35 heures par semaine et mettons les gens à la retraite à 55 ans, nous pourrons continuer à préserver notre prospérité [16] ». Ou quand il dénonce, avec pondération, « ces altermondialistes qui ont tout à la fois la candeur et l'impudence de se déclarer "antilibéraux" – disons simplement ennemis de la liberté [17] ».

---

15 *Le Figaro*, 22 janvier 2002.
16 *Courrier international*, 11 octobre 2004.
17 *Le Figaro*, 22 octobre 2004.

Sus aux Tchétchènes et aux hitléro-trotskistes !

De sa longue et profonde immersion dans le communisme orthodoxe des années 1970, Alexandre Adler a conservé quelques tics, à moins qu'il ne s'agisse de tocs (troubles obsessionnels compulsifs), comme par exemple une pittoresque fascination pour la brutalité moscovite. En septembre 2004, au lendemain de la sanglante prise d'otages de Beslan, en Ossétie du Nord, entonnant son coutumier couplet sur la félonie des méchantes gens qui ne pensent pas comme lui, il fustige ainsi la « traîtrise des peuples de l'Europe de l'Ouest ». De son point de vue d'expert, en effet, ceux-ci auraient « donné le sentiment irrespirable que les Européens mettaient en accusation, sous prétexte de Poutine ou de qui que ce soit d'autre, le peuple russe dans son terrible deuil [18] ».

Une telle impression n'existait, au vrai, que dans l'exubérante imagination de l'éditorialiste du *Figaro*. Puisque, dans la réalité, comme l'a souligné Mathias Reymond [19], seuls deux pays d'Europe – les Pays-bas et la Pologne – (dont Alexandre Adler jugeait qu'il eût mieux valu les « faire taire ») ont osé demander à Moscou des explications sur la prise d'otages officiellement attribuée aux islamistes tchétchènes et qui s'était conclue, suite à l'assaut des forces spéciales russes, par la mort de 344 civils, dont 186 enfants. Mais cette bien timide demande – à l'évidence vouée à l'échec sans même les imprécations d'Alexandre – lui était

18 *Le Figaro*, 15 septembre 2004.

19 Mathias Reymond, « Les facéties d'Alexandre Adler : Alexandre-le-guerrier pacifie la Tchétchénie », Acrimed, 27 septembre 2004.

d'autant moins supportable que la « cruauté » du « terrorisme » tchétchène « n'a d'égale que celle des nazis » et que, partant, « la Russie doit faire preuve de fermeté militaire, il faudrait envoyer pratiquement toute l'armée russe en Tchétchénie [...] pour mettre fin à une situation intolérable », rappelant les heures les plus noires de l'hitlérisme. (Vladimir Poutine, en 1999, disait à peu près la même chose, avec ses mots à lui, certes moins raffinés, lorsqu'il promettait d'aller buter les Tchétchènes « jusque dans les chiottes ».) Et le svelte expert d'ajouter, pour qui douterait de sa détermination à soutenir l'effort de guerre moscovite : « La Russie jouit d'une pleine légitimité lorsqu'elle s'oppose au séparatisme tchétchène. »

Mais, de son passé communiste, Alexandre Adler a surtout retenu les « pires leçons de la dialectique [20] » et plus particulièrement le goût de salir, par des imputations dégoûtantes, quiconque aurait, sur quelque sujet que ce soit, l'effronterie d'être d'un autre avis que le sien. Il pratique en particulier, sur une vaste échelle, un stupéfiant chantage au fascisme (et dérivés), d'où ressort, par exemple, que les altermondialistes sont des « ennemis de la liberté » et que José Bové est « une espèce d'avatar de Poujade [21] ». Pour lui, le monde, tel qu'il le déforme régulièrement dans ses chroniques, se divise en deux : d'une part, les humanistes éclairés qui partagent ses vues (« d'autres intellectuels qui défendent des idées politiquement incorrectes comme Bernard-Henri Lévy et Alain Finkielkraut », explique-t-il) et,

20 Henri MALER, « Les facéties d'Alexandre Adler : Hugo Chavez, "gorille populiste" et "antisémite" », Acrimed, 14 septembre 2004.

21 *Le Figaro*, 22 octobre 2004.

de l'autre, un large conglomérat d'ennemis de la démocratie, éventuellement nazis et dans tous les cas antisémites.

En résumé : Alexandre Adler n'en finit jamais de reconstruire, au fil de sa production éditoriale, un imaginaire épouvantail hitléro-trotskiste, comme cela se faisait aux temps binaires du stalinisme triomphant. Il « voit du fascisme de gauche » – forcément de gauche – un peu partout [22].

Ainsi, l'Amérique latine, depuis qu'elle n'est plus la sanglante arrière-cour des États-Unis et, plus spécifiquement, de l'administration Reagan, est de son point de vue un repaire de fanatiques acharnés à la perte du paradis néolibéral. Comme, en Bolivie, le « trafiquant de coca » Evo Morales [23]. Et, surtout, l'insolent « gorille » – le mot est d'Alexandre Adler, que nulle vilenie langagière ne semble devoir rebuter – Hugo Chavez, président du Vénézuela.

« La victoire du semi-caudillo vénézuélien Hugo Chavez est un tournant de l'histoire politique de l'Amérique latine », écrit ainsi le coruscant expert dans *Le Figaro* du 18 août 2004. Cette victoire du « populisme créole » annonce, pour la population du Vénézuela qui s'est sottement dotée d'un président « de gauche », des lendemains cauchemardesques, dont l'origine lointaine ne se trouve pas à Caracas, mais en Argentine. Ce pays, explique en effet Alexandre Adler, « a engendré deux aberrations idéologiques durables : le péronisme et le guévarisme ». Or, d'après l'omniscient éditorialiste, ces deux monstruosités n'étaient « opposées » qu'« en apparence », car si « Perón était un fasciste sympathisant actif de Mussolini et d'Hitler, tandis que

22 Jacques-Marie Bourget, « Adler voit du fascisme partout », *Bakchich*, 8 octobre 2008.
23 France Culture, 2 mai 2006.

Guevara était [...] un semi-trotskiste », leurs « deux idéologies se sont pourtant rencontrées sur l'essentiel », puisqu'elles se fondaient communément « sur l'exécration du modèle de liberté nord-américain ». Lequel, nul ne l'ignore, a fait tant de bien aux populations latino-américaines tout au long de leur histoire.

Les sympathies mussolinienne et hitlérienne de Perón valaient donc, du (haut) point de vue d'Alexandre Adler, le « semi-trotskisme » d'Ernesto Guevara. Et Hugo Chavez, toujours d'après le chroniqueur décomplexé du *Figaro*, « est le résultat d'une synthèse particulièrement perverse » du péronisme et du guévarisme. En sorte que le chef de l'État vénézuélien est, on l'aura compris, un authentique hitléro-trotskiste, une lointaine résurgence, mais non la dernière, dans l'abondante production d'Alexandre Adler, du stalinisme triomphant.

L'antiaméricanisme est (aussi) un antisémitisme

D'une façon générale, toute contestation de la politique réactionnaire de l'administration états-unienne est considérée par Alexandre Adler, dans le début des années 2000, comme une manifestation outrancière d'antiaméricanisme. Lequel est justement, de son point de vue, un pernicieux racisme : « Si Engels disait que l'antisémitisme était le socialisme des imbéciles, l'antiaméricanisme français est une version politiquement correcte de l'antisémitisme », assène-t-il posément [24]. Et il s'abstient tranquillement de

---

24 *Courrier international*, 11 octobre 2004.

mieux argumenter cette ahurissante proclamation – mais d'autres que lui s'en chargent, comme, notamment, l'essayiste Pascal Bruckner, médecin fameux des âmes, qui déclare de son côté en 2006 qu'« il y a [...] une parenté entre l'antiaméricanisme et l'antisémitisme, puisque l'un et l'autre sont des pathologies de la proximité [25] ».

Alexandre Adler lui-même, assurément, n'encourt nullement le reproche de se montrer trop distant de cette administration et du président George W. Bush, qu'il présente en 2004, sans rire, comme un « antiraciste convaincu » et riche « d'un énorme capital de sympathie chez les Noirs et les Hispaniques [26] » – et dont il ne cessera, au fil des ans, de chanter la louange, même après l'élection du démocrate Barack Obama en 2008.

Il est vrai que, depuis le 11 septembre 2001, Alexandre Adler, c'est lui qui l'affirme, est « en guerre [27] » – un peu comme l'US Army – et tout entier investi dans un « nouveau combat » qui n'est « plus seulement intellectuel », puisqu'il l'a notamment conduit en 2002 à « quitter *Courrier international* et *Le Monde* », car il ne « pouvait guère, en ces temps de radicalisation », se « retrouver coude à coude avec ceux qui combattent la mondialisation, la démocratie américaine et Israël ». *Le Monde*, ce quotidien de gauchistes, combat donc la mondialisation : il suffit de l'énoncer distinctement, pour que tout devienne possible.

Dans le cadre martial de ce « nouveau combat », Alexandre Adler bat follement des mains quand les États-Unis attaquent l'Afghanistan en 2001, puis l'Irak en

---

25 *Le Meilleur des mondes*, printemps 2006.

26 *Le Figaro*, 6 septembre 2004.

27 Alexandre Adler, *Au fil des jours cruels*, Grasset, Paris, 2003.

2003. Il est vrai qu'il se fait de la guerre, quand l'Occident la mène, une idée singulière et qu'il juge, par exemple, que les Irakiens ne souffrent pas des bombardements [28]. Et qu'on ne vienne surtout pas lui dire que l'administration Bush a menti effrontément quand elle a soutenu, pour justifier sa nouvelle croisade, que Saddam Hussein dissimulait des armes de destruction massive : en authentique spécialiste de géopolitique internationale contemporaine, Alexandre Adler sait, lui, contre l'avis – documenté – de quelques milliards de Terriens, qu'il est tout à fait « raisonnable de penser que ces armes biologiques et chimiques ont existé [...], pour des raisons que personne n'explique valablement, alors qu'elles sont toutes simples : Saddam Hussein craignait que l'utilisation [...] aurait entraîné une riposte des Américains et des Anglais [...], il a regroupé ses armes [...] et a préféré les enterrer profondément [...] ou en détruire le plus grand nombre [29] ».

De même, Alexandre Adler sait que George W. Bush était forcément de bonne foi, quand celui-ci mentait comme un arracheur de dents. De sorte que ses menteries n'en étaient pas : « Bush n'a pas menti, pour deux raisons. Tout d'abord, il ne fait aucun doute qu'il croyait sincèrement à la présence effective d'armes de destruction massive, jusqu'à ce que cette certitude soit partiellement démentie [30]. » (Noter, ici, le « partiellement », de toute beauté.) Conclusion : si Bush s'est « trompé, il n'a donc pas menti, une distinction que les Américains ont parfaitement comprise » – si l'on oublie évidemment ceux d'entre eux qui

---

28 France Culture, 6 octobre 2001.
29 France Culture, 21 juillet 2003.
30 *Le Figaro*, 6 septembre 2004.

n'ont cessé de dénoncer les bobards de leur président, mais qu'Alexandre Adler, manifestement, ne compte pas au nombre des vrais « Américains ».

À l'été 2008, transi d'une ruisselante admiration pour son héros de Washington, le courageux chroniqueur ose ainsi, « à l'heure où l'"obamania" bat son plein », dire « tout le bien » que lui-même « pense de George W. Bush ». Ce n'est d'après lui que justice, car trop « de fausses évidences courent [...] sur le compte » de ce pauvre homme. Et de rétablir, notamment, cette vérité trop souvent oubliée : en plusieurs « terrains de la politique internationale, [...] George Bush [...] a mené constamment une politique modérée et efficace [31] ». Et bien sûr, « si Obama atteint aujourd'hui le pinacle », il ne le doit pas seulement « au pire » de son prédécesseur (qui s'est, il est vrai, montré trop soucieux de « préserver un égoïsme socio-économique américain »), mais aussi, qu'on y songe, « au meilleur de Bush, son antiracisme, qui l'aura conduit à promouvoir aux plus hauts postes de l'État des Africains-Américains remarquables »...

Quand l'Espagne vote pour Hitler

Plus près de nous, l'électorat socialiste espagnol est, lui aussi, imprégné d'un hitlérisme qui bien sûr ne dit pas son nom, mais dont Alexandre Adler perce à jour l'infamie, par un long (mais subtil) raisonnement dont la compréhension requiert de le suivre pas à pas, au fil du temps et de ses chroniques.

31 *Le Figaro*, 1er août 2008.

Acte 1. En octobre 2001, quelques semaines après la destruction du World Trade Center, notre expert affirme qu'Oussama Ben Laden est une quasi-réincarnation d'Adolf Hitler, car « Hitler estimait que le combat final et apocalyptique opposerait une Allemagne nationale-socialiste ayant digéré la Russie et fini d'exterminer les Juifs d'Europe à une Amérique négrifiée et enjuivée, celle-là même qui combat aujourd'hui Ben Laden [32] ». CQFD.

Acte 2. En mars 2004, quelques jours après les attentats qui ont fait, le 11, près de deux cents victimes à Madrid, Alexandre le belliqueux commente en ces termes sidérants la victoire, aux élections générales espagnoles, du socialiste José Luis Zapatero : le nouvel Hitler « Ben Laden vient de remporter une victoire stratégique importante ». Car en effet, de son point de vue de spécialiste, en votant pour Zapatero, « l'électorat [espagnol] a voté pour la trouille, pour le renoncement, pour Munich ». Conclusion explicite : « Donc le terrorisme parvient à ses fins, il est justifié, puisqu'il obtient des résultats spectaculaires [33]. » Conclusion implicite : l'électeur (munichois) espagnol qui a eu l'effronterie de ne pas donner sa voix au très droitier Parti populaire, héritier du franquisme, a quelque chose en lui de terroriste et d'hitlérien.

Difficile d'aller plus loin, de façon si outrageusement caricaturale, dans une autre forme de terrorisme, intellectuel celui-là. Difficile, mais pas impossible pour le pesant chroniqueur du *Figaro* et de France Culture, qui ose absolument tout lorsqu'il s'agit de salir la gauche – et qui aurait, au vrai, tort de trop se gêner, puisque aussi bien ses

32 *Courrier international*, 18 octobre 2001.
33 France Culture, 15 mars 2004

inconcevables divagations ne dissuadent jamais ses pairs de le présenter comme un très estimable spécialiste des affaires du monde…

Haro sur le « fasciste » Besancenot, ou l'hitlérisme à nos portes

Le 4 octobre 2008, dans un éditorial du *Figaro* qui vaut qu'on s'y arrête pour ce qu'il révèle de l'extravagance du personnage, Alexandre Adler se surpasse et porte aux sommets sa vieille obsession stalinienne : la chasse aux hitléro-trotskistes [34]. Après le « grand cataclysme de Wall Street » – on aura reconnu la crise d'un capitalisme dont Alexandre n'a cessé depuis des années de vanter les charmes suaves –, le délicat éditorialiste commence, ce jour-là, par annoncer à ses lecteurs qu'il va se livrer à une « réflexion politique » – et non, comme on pourrait le supposer sur la seule foi de sa chronique, à une divagation éthylique – et que cette réflexion sera « nécessairement angoissante » : en réalité, elle est surtout complètement atterrante.

« Certes », pronostique d'abord Alexandre Adler, l'« effondrement » qui résultera de la nouvelle crise du capitalisme « ne sera pas comparable à celui de 1929 sur le plan matériel ». « Mais il en va différemment du plan intellectuel, ou, pour le dire avec une certaine emphase, sur le plan spirituel », ajoute aussitôt notre penseur. Car, « en 1928, quelques mois avant le krach de Wall Street, l'Allemagne avait pour chancelier le débonnaire social-démocrate

34 Voir Ugo Palheta, « Les facéties d'Alexandre Adler : ouverture de la chasse aux hitléro-trotskistes », Acrimed, 22 octobre 2008.

Hermann Müller » et « le parti nazi [...] oscillait entre 4 % et 6 % du corps électoral ». Mais « trois ans plus tard, le même parti approchait des 40 % » et sa « progression cancéreuse avait pour cause essentielle, sinon unique, l'effondrement du système économique capitaliste géré par des formations démocratiques modérées ».

Quatre-vingts années après cette percée du parti nazi en Allemagne, la même cause – un « effondrement du système capitaliste » – va-t-elle produire en France, où règne l'UMP de Nicolas Sarkozy (formation démocratique dont chacun sait, en tout domaine, la prodigieuse modération), le même atroce effet ? Alexandre Adler (même s'il « espère de tout cœur » que « l'ampleur du désastre pourra être contenue ») n'est pas loin de le penser : il prédit que « nous aurons affaire à une poussée populiste et autoritaire de grande ampleur ».

Un minuscule détail fait toutefois que, de son point de vue, 2009 ne sera pas exactement 1929 : c'est que le nouveau danger nazi, dans le XXIe siècle naissant, ne vient plus tant de la droite que d'une gauche décidément infréquentable, de Caracas (Vénézuela) à Montreuil (France). Ainsi, Alexandre Adler, fière vigie de la démocratie, « scrutant l'horizon tous azimuts », voit « plutôt le danger sur notre extrême gauche que sur notre extrême droite ». Pour lui, c'est donc à gauche que serait désormais le risque d'« une poussée populiste et autoritaire de grande ampleur » : la thèse, hardie, peut surprendre. Surtout dans un pays dont le nouveau président, Nicolas Sarkozy, qu'Alexandre Adler ne hait point, a fait sciemment campagne avant son élection sur les terres marécageuses de l'extrême droite, lui empruntant sans vergogne ses thématiques autoritaires et populistes.

Mais rien n'est impossible au vaillant éditorialiste : pour soutenir malgré tout son absurde démonstration, Alexandre Adler propose à ses lecteurs « un petit excursus par la Vienne de Robert Musil », où « le grand romancier autrichien [...] dépeint une mode particulièrement étrange [...], en 1913 ». Quelle est cette mode d'un autre siècle ? « Toute la bonne société, intellectuels et artistes notamment, s'enthousiasme [...] pour un clochard qui a assassiné quelques prostituées [...] : tout le monde le trouve étonnamment poétique et audacieux. » Alexandre Adler, généreusement, offre alors à qui serait moins fin lecteur que lui de l'œuvre de Musil ce commentaire de texte : « Musil nous parle de ce fait divers, parce que probablement le meurtrier Moosbrugger a dû partager sa couche, à l'asile de nuit, avec un autre clochard du nom d'Adolf Hitler, qui, lui, n'en restera pas aux prostituées de passage dans l'ambition destructrice. L'enthousiasme pour le petit assassin prépare, comme dans un pressentiment, l'émotion en faveur du grand criminel. »

Vient alors, après cette explication légèrement délirante du texte de Musil, celle du « petit excursus » adlérien : « Quelque chose de semblable est en train de se passer en France aujourd'hui. » Plus précisément : « Cela commence par la pâmoison active de certains artistes en faveur de tueurs en cavale, généralement italiens. » Une allusion transparente à l'écrivain Cesare Battisti, qui a toujours nié avoir commis les meurtres dont l'accuse la justice italienne pendant les années de plomb, mais à qui Alexandre Adler, néglige d'appliquer la présomption d'innocence. Les personnalités – parmi lesquelles le fameux « romanquêteur » Bernard-Henri Lévy – qui soutiennent l'Italien préparent donc, si l'on suit Adler, l'avènement d'un nouvel hitlérisme.

Le message d'Alexandre Adler est ici d'une limpide simplicité, comme l'a pertinemment résumé Ugo Palheta sur le site d'Acrimed : « Le clochard assassin de Musil, ce sont ces "tueurs en cavale, généralement italiens" (comprendre : les anciens membres des Brigades rouges) ; la bonne société ce sont "certains artistes", qui tombent en "pâmoison" devant ces "tueurs" ; Hitler c'est Besancenot [35]. » Ce dernier pourrait d'autant mieux être un peu nazi aussi qu'Alexandre Adler a détecté dans son entourage proche une « théorie de petites brutes imbéciles qui font masse autour de lui ».

Dans cet éditorial d'anthologie, on touche au noyau dur de la « politique de l'oxymore » finement décortiquée par le philosophe Bertrand Méheust [36], consistant en substance à claironner le faux pour masquer le vrai : pour passer à la trappe l'écrasante responsabilité des puissants amis d'Alexandre dans le « grand cataclysme de Wall Street » – qui était le sujet annoncé de cet éditorial –, ce dernier stigmatise le fort improbable « hitlérisme » d'une modeste extrême gauche qui n'en peut mais. Du grand art assurément, qui mériterait, outre la Légion d'honneur qu'il a décrochée en mai 2002 et l'Ordre national du mérite que lui a attribué en janvier 2007 le président de la République Jacques Chirac, la palme d'or des éditocrates. Comme quoi, bien gérée, l'hypermnésie peut mener aux plus hauts sommets...

---

35 *Ibid.*

36 Bertrand MÉHEUST, *La Politique de l'oxymore. Comment ceux qui nous gouvernent nous masquent la réalité du monde*, La Découverte/Les Empêcheurs de penser en rond, Paris, 2009.

Laurent Joffrin ou la victoire du capitalisme dans la gauche

par Sébastien Fontenelle

Le 30 septembre 2008, Laurent Joffrin, directeur du quotidien *Libération*, manifestement inconscient de renforcer la suspicion des observateurs mal élevés qui le soupçonnent d'être le « journaliste le plus bête de France [1] », moque, dans un éditorial passablement ridicule, « le spectacle baroque [...] des conformistes de la science économique [...] brûlant avec ferveur l'idole du marché qu'ils ont adorée toute une vie [2] ». Par ces quelques mots, le *big boss* de *Libération* confirme, pour qui en douterait encore en dépit d'un accablant faisceau de preuves, qu'il prend ses (rares) lecteurs pour des benêts oublieux. En effet, il vient alors de passer lui-même un quart de siècle – c'est quand même long – à exhiber son amour du capitalisme.

1 « Laurent Joffrin, le journaliste le plus bête de France », *PLPL*, n° 24, avril 2005 (disponible sur <www.leplanb.org>).

2 Cité par Frédéric Lordon, *La Crise de trop*, Fayard, Paris, 2009.

« La vie est ailleurs : elle sourd de la crise par l'entreprise, par l'initiative, par la communication »

C'est en 1981, à l'aube des atroces années fric – ce long « cauchemar intellectuel [3] » dont Joffrin aura été l'un des plus fanatiques promoteurs, mais où il verra lui-même, bien des années plus tard, une décennie de la « modernité en toc » –, que Serge July, emblématique figure du renégat ex-gauchiste passé en peu d'années « du col Mao au Rotary [4] », l'embauche au service économique de *Libération*. Le quotidien est alors sur le point de s'imposer, au prix (négligeable) d'une conséquente série de reniements [5], comme la mère de tous les quotidiens néopatronaux.

Laurent Joffrin, devinant que son heure est venue, se lance avec une ferveur de missionnaire dans la « désoviétisation » du journal. De ces années de patiente sape de tout ce qui faisait la richesse du premier *Libé*, il gardera toute sa vie un souvenir ébloui, heureux d'avoir tenu son rang dans une exceptionnelle entreprise de normalisation néolibérale. « Le service économique était stratégique, car on injectait du libéralisme. [...] On trouvait que Serge July n'allait pas assez vite, mais c'était utile pour lui d'avoir une droite », racontera-t-il, extatique, quelques années plus tard [6]. (Car Laurent Joffrin est ainsi : de gauche, mais de droite.) Et de préciser, pour qui n'aurait pas mesuré sa décisive contribution à la

3 François Cusset, *La Décennie. Le grand cauchemar des années 1980*, La Découverte, Paris, 2006.

4 Guy Hocquenghem, *Lettre ouverte à ceux qui sont passés du col Mao au Rotary*, Albin Michel, Paris, 1986.

5 Pierre Rimbert, *Libération, de Sartre à Rotschild*, Raisons d'agir, Paris, 2005.

6 Cité par Serge Halimi, *Les Nouveaux Chiens de garde*, Raisons d'agir, Paris, nouvelle édition, 2005.

confection d'un progressisme rédactionnel enfin libéré de ses pesanteurs marxistes : « On a été les instruments de la victoire du capitalisme dans la gauche [7]. »

Pour n'être pas le signe d'une excessive modestie, cette dernière assertion n'est pour autant pas fausse : dès 1984, en effet – en un temps où le socialisme de gouvernement, aux affaires depuis trois ans, commence d'apparaître pour ce qu'il est, un rêve patronal en couleurs –, Laurent Joffrin, se démultipliant, s'impose comme l'un des principaux artisans, au long cours, de cette « victoire » (du capitalisme).

Par sa contribution décisive, d'abord, à la confection d'une légendaire émission de télévision (de service public) à vocation pédagogique, doublée d'un supplément homonyme de *Libération*, incroyablement propagandaire, dont le nom, « Vive la crise ! », dit assez nettement l'intention. Laurent Joffrin y donne tout ce qu'il a, en affirmant notamment que, tout « comme ces vieilles forteresses reléguées dans un rôle secondaire par l'évolution de l'art militaire, la masse grisâtre de l'État français ressemble de plus en plus à un château fort inutile. La vie est ailleurs : elle sourd de la crise par l'entreprise, par l'initiative, par la communication [8] ».

Par la publication aussi, la même année (dans une collection dirigée, aux éditions du Seuil, par Jean-Claude Guillebaud, coconcepteur, justement, de « Vive la crise ! »), de son opus reaganien *La Gauche en voie de disparition*. Les titres de certains chapitres, à eux seuls, témoignent que l'auteur est fermement décidé à ne plus s'en laisser conter par les tenants d'un collectivisme dont chacun sait depuis Staline

---

7 *Ibid.*

8 Cité par Henri Maler, « *Libération*, d'un Joffrin l'autre », <www.acrimed.org>, 30 novembre 2006.

l'extrême nocivité. L'un annonce, par exemple, que « le capitalisme est l'avenir de la gauche ». Un autre proclame que « le marché est de gauche ». (Sans doute suffit-il de le psalmodier longtemps pour que cela finisse par faire une vérité.) C'est audacieux. Et, en même temps, tellement dans le ton des opulentes années 1980. Le sillon d'une adhésion étroite aux règles du marché, dès lors, est tracé : Laurent Joffrin ne s'en écartera plus. Ce livre est le premier d'une longue série de prédications invraisemblablement creuses où il dénonce (courageusement) un État « obèse », insulte à l'esprit de libre entreprise dont l'adoption rapide, seule, fera chanter les lendemains de l'humanité.

Le Nouvel Obs, *un «* Gala *pour les riches » (*dixit *Laurent)*

Ses employeurs changent, un peu : il prend le pli d'effectuer, à intervalles réguliers de quelques années, des rotations entre la rédaction du *Nouvel Observateur*, sise place de la Bourse, à Paris, et celle de *Libération*, près de la place de la République. Mais qu'importe que son environnement soit boursier ou républicain : Laurent Joffrin est, on l'a dit, l'homme d'une absolue fidélité au capitalisme. Le doute, il est vrai, le saisit parfois, comme il arrive dans toute idylle : l'amour (du capitalisme), on le sait bien, ça s'en va et ça revient – l'important étant, bien sûr, que ça revienne.

En 2001, par exemple, dix-sept ans après la parution de *La Gauche en voie de disparition*, il confectionne un autre essai, *Le Gouvernement invisible*, non moins burlesque, mais (un peu) moins hystériquement reagano-thatchérien. Sa thèse, précise-t-il dès l'abord, n'est certes pas de « réinventer l'ancien marxisme-léninisme » – on a eu chaud. Mais tout de même, l'auteur, donnant l'impression d'être frappé d'un accès de gauchisme, entrevoit que « sous la poussée du capitalisme nouveau [qui était pourtant, dix-sept ans plus tôt, l'"avenir de la gauche"], le pouvoir s'est privatisé ». L'ouvrage reçoit en 2002 le « prix du livre politique », d'un montant de 5 000 euros, distinction fameuse décernée par un jury de journalistes. (Où siège, notamment, au jour où ces lignes sont écrites, un certain... Laurent Joffrin : le monde est, certaines fois, d'une rondeur qui réjouit.)

Quatre ans plus tard, en avril 2006, nouvelle publication : il s'agit d'une ambitieuse *Histoire de la gauche caviar*, où l'auteur semble cette fois-ci complètement oublier que lui-même n'a cessé depuis vingt ans de clamer que le capitalisme était l'avenir du socialisme et relève, étonné, que la gauche a trop largement succombé au chant des sirènes du marché, avec ce résultat que, du coup : « À l'inverse des expériences du passé, elle a été incapable de réduire le chômage, de vaincre l'exclusion, d'assurer l'égalité des chances », pour la simple et bonne raison qu'elle a, horreur, « oublié le peuple ». À noter que Laurent Joffrin, à ce moment-là, dirige, pour quelques mois encore, la rédaction du *Nouvel Observateur*. Hebdomadaire « de gauche » qui, justement, fait au mois de mai 2006, dans ses pages dédiées aux « choses de la vie », la réclame de quelques montres un peu originales, comme le modèle Calisson, de chez Cartier, à 32 300 euros, ou le modèle Reflet Icare Medium, de chez Boucheron, nettement plus accessible aux smicards, puisqu'il ne coûte que 23 100 euros. En clair : pendant que l'essayiste Laurent dénonce une gauche coupée du peuple, Joffrin, l'homme de presse, continue de confectionner un hebdomadaire que lui-même présente volontiers comme un

« *Gala* pour les riches ». Mais que serait l'éditocratie, sans ses minimes contradictions ?

En 2007, ça revient : Laurent Joffrin est absolument guéri de ses doutes. Réinstallé en sauveur à *Libération*, il règne désormais en maître incontestable sur une rédaction atterrée qui, réunie en assemblée générale, lui demande « de renoncer aux pressions individuelles sur les salariés, de respecter les personnes et le droit du travail, d'adopter dans les relations professionnelles et sociales le ton nécessaire au respect des individus [9] ». Incontestablement : l'éditorialiste a retrouvé le mordant réactionnaire de ses jeunes années – lorsqu'il proclamait, fièrement : « Nous sommes tous, nous avons tous été, ou nous serons tous, à un moment ou à un autre, des "réacs de gauche" [10]. »

C'est à cette époque que, définitivement établi en prince de l'éditocratie, il trouve dans un jeune et prometteur journaliste, Renaud Dély, un fidèle disciple qui le suivra, jusqu'au mimétisme le plus étroit, sur la voie (exigeante) de la giscardisation de la gauche. Pendant l'année où il travailleront ensemble à *Libération* (Dély rejoindra *Le Parisien* en septembre 2007), il sera difficile de savoir qui écrit quoi, de Laurent ou de Renaud, tant leurs mots se ressemblent.

Dans un navrant essai paru en octobre 2006 et dont le titre à lui seul, *Les Tabous de la gauche*, est un long poème libéral, Renaud Dély demande par exemple : « À l'approche de l'élection présidentielle, la gauche française saura-t-elle enfin s'affranchir des tabous qui la corsètent ? Pour l'emporter en 2007, d'abord et réussir au pouvoir, ensuite,

9 « Une motion de défiance votée contre le P-DG de *Libération* », <www.acrimed.org>, 2 février 2007.

10 Laurent Joffrin, « Résister, disent-ils », *Le Nouvel Observateur*, 1er avril 1999.

comblera-t-elle ce défaut de lucidité qui l'a envoyée se fracasser contre le mur du réel ? » Un an plus tard, Laurent Joffrin renchérit, dans *La Gauche Bécassine* : « La gauche peut-elle gagner ? Et surtout la gauche peut-elle réussir au pouvoir ? [...] Il lui manque le réalisme des analyses. » Dély : « [La gauche] reste prisonnière d'une grille de lecture poussiéreuse, brandit des références obsolètes et se sert d'outils devenus inefficaces. » Joffrin : « Une série de tabous et de totems pèse encore [sur la gauche]. Une orthodoxie dépassée entrave l'action du camp progressiste. Une bien-pensance paralysante empêche la gauche d'épouser son temps. La gauche procède toujours par réflexes, par idées toutes faites, par dogmes assénés. » Et ainsi de suite...

Épilogue : au mois de mai 2008, l'hebdomadaire *Marianne* publie un article dont les auteurs dénoncent la « nouvelle pensée unique », qui « sert la domination des élites » et qu'ils présentent comme un « lieu de giscardisation de la gauche des banquiers libérés et des technocrates branchés ». Cette normalisation droitière, estiment-ils, c'est la « ligne Olivennes-Joffrin-Ockrent ». Surprise : l'un des deux signataires de cette vigoureuse mise en cause n'est autre que Renaud Dély, passé du *Parisien* à *Marianne* en janvier 2008, où il a, d'après Frédéric Lordon, « un peu de mal à se faire [...] à son nouvel employeur, qui lui commande de fracasser tout ce qu'il a toujours adoré [11] ». Mais il est vrai aussi que les aspirants éditocrates ont l'échine souple.

11 Frédéric LORDON, *La Crise de trop*, *op. cit.*

« Le problème, c'est les trotskistes »

En février 2007, invité à donner à la télévision son avis sur la vie en un moment où Sarkozy – que Laurent Joffrin tutoie – fait campagne (présidentielle) dans les marécages lepénistes et où la droite néoversaillaise menace d'emporter le pays, le *big boss* de *Libération* délivre au pays cette scintillante analyse : « Le problème, c'est les trotskistes. Y a trop de trotskistes. [...] Et une stalinienne, gentille, mais stalinienne, comment elle s'appelle ? Buffet [12] ! » Cette claire vision des enjeux de l'élection présidentielle fait dire aux spécialistes que Laurent Joffrin est un génie.

Deux semaines plus tard, décidément revenu à ses prêches des années 1980, le même complète sa péroraison dans l'un de ses plus fameux éditoriaux de *Libération*, plaidoyer enflammé en faveur de la candidate socialiste à l'élection présidentielle, Ségolène Royal : « S'il y a une Bécassine », ce n'est pas elle, mais bien plutôt « la vieille gauche étatiste, dépensière, irréaliste [13] ». Et de toucher, à la fin de l'envoi : « C'est la vieille gauche qui plombe la candidate nouvelle. » Époustouflante coïncidence : deux jours après que l'éditorialiste Laurent Joffrin a cité dans son journal le nom de Bécassine, les Éditions Robert Laffont publient un nouvel opus comique de l'essayiste Joffrin Laurent, dont le titre – *La Gauche Bécassine* – fait lui aussi référence à la sympathique héroïne de Joseph Pinchon. Le propos, ambitieux à défaut d'être complètement nouveau, est une fois encore d'« aider la gauche à quitter ses habits

---

12 « Mots croisés », *France 2*, 5 février 2007 (cité par Grégoire Rzepski, « Laurent Joffrin règne sur *Libération* : changement ou faux-semblants ? », <www.acrimed.org>, 26 mars 2007).

13 *Libération*, 21 février 2007.

usés pour endosser », une bonne fois pour toutes, le « costume de la modernité » capitaliste.

Pour mieux s'acquitter de cette philanthropique mission, le bon docteur Joffrin préconise, on l'aura compris, la médication, inchangée, qu'il vend alors depuis (tout de même) vingt-quatre ans – depuis qu'il a pour la première fois énoncé, probablement ébloui par sa propre audace, que le marché était joli. Précisément, la gauche, explique-t-il cette fois-ci, doit urgemment se libérer des « tabous » et « totems » qui l'empèsent encore, pour bien réaliser enfin que : « Oui, il y a des vertus dans le risque, dans l'entreprise. [...] Oui, il y a des vertus dans la concurrence. [...] Oui, il y a des vertus dans la reconnaissance du mérite et de la compétence pour fixer les rémunérations et les promotions. »

La droite, il va de soi, tombe en pâmoison. Dans *Le Point*, l'éditorialiste Alain Duhamel, omettant de rappeler que lui-même est aussi chroniqueur à *Libération* – et que, par conséquent, Laurent Joffrin est l'un de ses (nombreux) employeurs –, juge que le « directeur de *Libération* » a produit là un « essai aussi concis que démystificateur » et que *La Gauche Bécassine* est le fruit d'une « réflexion pugnace, réaliste et donc cruelle [14] ». L'auteur, spécialiste reconnu (par Alain Duhamel) du « dépoussiérage de la gauche », est en résumé un courageux iconoclaste.

On retiendra, au passage, cette amusante anecdote : presque deux ans plus tard, le même Alain Duhamel fait, toujours dans *Le Point*, « au moment où [un] terrible sondage accable une fois de plus les médias », la réclame d'un « petit livre qui tente de remettre les idées en place sur ce

14 Alain Duhamel, « La crise idéologique de la gauche », *Le Point*, 29 mars 2007.

sujet crucial [15] ». L'ouvrage, précise-t-il, « se lit d'une traite [...] et se caractérise par sa franchise et sa vivacité, par sa clarté et sa force de conviction ». Il est vrai aussi qu'il pourrait difficilement en aller autrement, puisque « l'auteur en est Laurent Joffrin, directeur de *Libération* », qui emploie toujours Alain Duhamel, et « qui ne craint pas de contredire [...], outre l'opinion commune, nombre de ceux qui lui sont politiquement ou culturellement proches ». Car Laurent Joffrin est courageux.

Les « clichés habituels » qui salissent les journalistes, « les idées reçues auxquelles adhère malheureusement une majorité de Français » sont « autant d'idées fausses, comme le démontre » Laurent Joffrin avec « pugnacité et compétence », explique Duhamel. Pour autant : Laurent Joffrin n'« occulte » rien des « défauts », des « faiblesses », des « vices » de sa profession – car « Laurent Joffrin n'est pas hypocrite ». Mais il fait un excellent « avocat de la défense » d'un métier injustement décrié, lorsque par exemple il affirme que la presse française, loin d'être soumise à une quelconque « pensée unique », se distingue au contraire par un « affrontement des idées sur tous les terrains ». Comme le prouve, notamment, la vigueur des controverses passionnées où s'affrontent Alain Joffrin et Laurent Duhamel.

« Sacré Joffrin ! »

Mais revenons à 2007 et à l'accueil médiatique alors réservé à l'inoubliable *Gauche Bécassine* de notre

---

15 Alain DUHAMEL, « Laurent Joffrin et le poujadisme antimédias », *Le Point*, 15 janvier 2009. Le livre en question : Laurent JOFFRIN, *Média-paranoïa*, Seuil, Paris, 2009.

éditorialiste. Au *Figaro* de Serge Dassault, où l'on ne déteste pas que des confrères « de gauche » attendrissent l'échine de la gauche, on ovationne ce « sacré Joffrin », dont le « réquisitoire », si « joyeusement troussé », tombe « à point nommé pour ceux qui », à droite, par exemple, « veulent édifier les foules sur le socialisme à la française », car, « il faut l'avouer », Joffrin, quand il tance la gauche, « karchérise » admirablement [16].

L'intéressé, transporté par cette confraternelle ferveur, récidive l'année suivante, non plus, cette fois, par un banal bouquin (où il exigerait de la gauche qu'elle s'abandonne enfin à l'ivresse du marché), mais par un livre d'entretiens avec Bertrand Delanoë [17], jusque-là connu comme maire « socialiste » de Paris, mais qui profite de l'occasion (inconscient qu'une crise majeure de l'histoire du capitalisme va bientôt réduire à néant ce bel effort de soumission à l'air du temps) pour se présenter plutôt comme le *manager* de la capitale – c'est tellement plus moderne, tellement plus entrepreneurial, tellement plus *funky*, en un mot. Derechef, la droite s'extasie : « Sur le terrain économique », acclame *Le Figaro*, Delanoë fait la confession (courageuse) qu'il n'a « jamais été marxiste » et « revendique sa modernité », allant même jusqu'à « employer des mots tabous », lorsque par exemple il théorise, habilement aiguillonné par son Joffrin de compagnie, que : « Si les socialistes du XXIe siècle acceptent enfin pleinement le libéralisme, s'ils ne tiennent plus les termes de "concurrence" ou de "compétition" pour

---

16 Josseline ABONNEAU, « Joffrin, "bouche d'or" de la gauche Bécassine », *Le Figaro*, 15 octobre 2007.

17 Bertrand DELANOË, *De l'audace ! Entretiens avec Laurent Joffrin*, Robert Laffont, Paris, 2008.

des gros mots, c'est tout l'humanisme libéral qui entrera de plein droit dans leur corpus idéologique [18]. »

Laurent Joffrin est donc assis, à l'été 2008, sur une haute pile d'aberrantes exhortations à mettre (toujours) plus de capitalisme dans la gauche – de sorte que la spectaculaire crise du capitalisme financier, le rattrapant alors, devrait normalement l'inciter à se faire très, très petit. Mais il faudrait, pour le museler, beaucoup plus que cette implacable démonstration par la cruelle réalité que les croyances qu'il a si obstinément propagées mènent l'humanité au désastre : loin de faire publiquement l'un ou l'autre des actes de sincère contrition qui le sauveraient un peu du déshonneur absolu d'avoir si longuement et si horriblement erré, le directeur de *Libération*, hissant vers des sommets nouveaux la dignité journalistique, entreprend, très posément, d'occulter vingt-cinq ans d'un engagement constant au flanc du patronat et se mue, toute pudeur bue, en procureur du capitalisme [19].

Cette reconversion est d'une hardiesse un peu folle, car de cette crise Laurent Joffrin n'a évidemment rien vu venir : le 16 mai 2008, par exemple, ovationnant la nouvelle « déclaration de principes » du Parti socialiste français, « plus explicitement libérale que jamais », il félicitait encore le député Manuel Valls de « prendre à rebrousse-poil tout ce que la gauche française compte d'orthodoxe » et d'oser prendre la défense des « valeurs du marché » [20]. Mais cela ne l'empêche ni de fustiger, au mois de septembre suivant, les adorateurs de l'« idole du marché » ni d'en appeler, le

---

18 Cité par Nicolas Barotte, « Delanoë invite la gauche à accepter le libéralisme », *Le Figaro*, 20 mai 2008.

19 « Insolites procureurs du capitalisme financier », *Le Monde diplomatique*, octobre 2008.

20 Cité par Frédéric Lordon, *La Crise de trop*, *op. cit.*

16 octobre, pour le règlement de la crise, à une intervention massive de l'État, car : « Seule la puissance collective peut rassurer les marchés. » Et de clamer : « Pour les banques, une seule solution, la nationalisation ! » Le temps est loin, alors, où un certain Laurent Joffrin, tout à sa croisade pour la victoire du capitalisme dans la gauche, pilonnait un « État obèse » dominé par le goût d'accabler d'impôts une population harassée.

Mais Laurent Joffrin ose tout. C'est même à ça qu'on le reconnaît. Gageons que, sitôt la crise cuvée, il réentonnera son plus traditionnel refrain, qui est que les marchés sont l'avenir de la gauche...

Jacques Marseille au secours des riches

par Olivier Cyran

Le taux de rotation de Jacques Marseille dans les émissions de « débats » constitue l'une des performances les plus éclatantes de la télévision publique française. Prenons le cas de « C dans l'air », le salon de causeries quotidiennes animé par Yves Calvi sur France 5. En l'espace d'un an, entre l'édition du 17 avril 2008 (consacrée au thème : « Emplois cherchent chômeurs ») et celle du 15 avril 2009 (« Crise : les sirènes de l'espoir »), le prédicateur thatchérien de la Sorbonne a comptabilisé pas moins de dix-sept invitations. À titre de comparaison, c'est presque trois fois plus que son rival Michel Godet, dont les prêches en faveur de la « réforme » n'ont pourtant jamais déçu (six invitations au cours de la même période).

Yves Calvi n'est pas le seul journaliste à s'être énamouré de Jacques Marseille. De France 2 à Arte, d'Arlette Chabot à Serge Moati en passant par Christine Ockrent, il n'est pas une chaîne ni un animateur de France Télévision chez lesquels Jacques Marseille ne dispose d'un anneau de serviette gravé à son nom. Le petit sourire crispé qui agrémente chacune de ses fulminations a même conquis Frédéric Taddéi, l'animateur de « Ce soir ou jamais », l'émission « poil à gratter culturel » des soirées de France 3, où le professeur shooté à la naphtaline passe pour un « provocateur » furieusement tendance.

« La pauvreté, c'est essentiellement subjectif »

La plupart du temps, Jacques Marseille est convié en sa qualité d'« économiste » à expliquer que les pauvres sont des branleurs, les fonctionnaires des sangsues et les syndicalistes une espèce nuisible. Ses analyses dans ce domaine ont le mérite de la constance. « Moi, ce que je reproche beaucoup au syndicalisme, c'est d'être d'une certaine manière responsable du taux de chômage élevé en France », vociférait-t-il déjà en 2004 chez Calvi. « Ils ont été des freins, des conservatismes. [...] Ils ont développé une sorte de culture de l'amertume, du ressentiment, qui fait que les Français finalement ont toujours nié qu'il y ait eu des progrès. » Interrogé sur « la multiplication récente du nombre de syndicats », il étale son sens de la métaphore : « Les syndicats poussent comme des champignons, ça prolifère comme des champignons. Comme des champignons, hein... » (« C dans l'air », 3 février 2004).

Trois semaines plus tard, Marseille retourne chez Calvi pour libérer la France des soviets de fonctionnaires[1]. « Ce

1 Les fonctionnaires hantent Jacques Marseille au point qu'il en fait des cauchemars, manifestement inspirés du film *L'Invasion des profanateurs de sépultures*. Il s'en est ouvert

qui est insupportable, c'est qu'il y ait une France abritée [celle des fonctionnaires], protégée, qui garde son emploi, et une France exposée », glapit le spécialiste. Sa solution pour garantir l'égalité ? Que tous soient pareillement « exposés ». Pour cela, il convient évidemment d'« encourager le travail. Encourager la reprise du travail. Des études ont été faites montrant qu'il existe de véritables trappes à pauvreté ». Avec sa neutralité coutumière, Calvi suggère alors de créer une « société un peu plus fluide quant au marché du travail ». À quoi Marseille surenchérit : « La pauvreté, c'est essentiellement subjectif. C'est la psychologie individuelle qui est largement responsable de la pauvreté » (« C dans l'air », 28 avril 2004).

Cinq ans plus tard, le pot-au-feu idéologique de Marseille s'est encore épaissi. Yves Calvi ne s'en régale plus seulement pour assaisonner son simulacre de « débat » sur les questions économiques et sociales. Désormais, l'expertise de Marseille s'impose aussi sur des sujets avec lesquels cet amoureux des euros et de ceux qui les possèdent paraît *a priori* moins intime. On ne se parle plus assez entre voisins ? Pour prendre une leçon de convivialité, on interroge Jacques Marseille (« Mon voisin ? Connais pas », « C dans l'air », 26 mai 2009). Le dernier plan banlieue du gouvernement ? Pour convenir qu'on a déjà beaucoup donné, on reçoit Jacques Marseille (« La banlieue en plans », 27 février 2009). Les Guadeloupéens refusent de manifester un jour férié tous les deux mois et préfèrent la grève générale illimitée ? Pour leur apprendre les bonnes manières, on écoute

---

à Yves Calvi : « Chaque fonctionnaire a un époux ou un conjoint, il a des enfants et des parents et des beaux-parents. Quand vous additionnez les fonctionnaires, les parents de fonctionnaires, les beaux-parents de fonctionnaires et les enfants de fonctionnaires, tous les Français sont un peu fonctionnaires ! » (C dans l'air, 21 novembre 2007).

Jacques Marseille (« Le jeu dangereux des Antilles », 16 février 2009). Sarkozy, Bruxelles et Prozac ne suffisent pas à rendre leur bonne humeur aux Français ? Pour les égayer, on se tourne vers Jacques Marseille (« La grande déprime nationale », 30 janvier 2008).

Cette omniprésence, qui aurait inspiré des commentaires moqueurs au *Rodong Sinmun*, le quotidien national nord-coréen, lasse les téléspectateurs les plus endurcis. « Non, non, là c'est trop !, éclatait le 3 mars 2009 un internaute sur le site de France 2. J'ai pris l'émission en cours de route, et là je découvre qu'Yves Calvi, pour qu'"on ne reste pas bloqué sur la question des salaires", a encore fait appel à son joker multicarte Jacques Marseille pour venir déverser son discours libéral et sa détestation des syndicats. [...] Y en a marre. Renouvelez votre carnet d'adresses ! » Imperturbables, les gardes-chiourmes du « débat public » continuent pourtant d'asséner leur favori à des heures où les enfants ne sont pas tous couchés.

Mieux : à chaque nouveau tour de piste, ils présentent invariablement Marseille comme un « historien » doublé d'un « économiste », lui conférant un respectable vernis de neutralité scientifique. « Historien, spécialiste de l'économie, il est professeur à la Sorbonne où il dirige l'Institut d'histoire économique et sociale. Il a publié de nombreux essais, dont *Nouvelle Histoire de France* (2001) et *Du bon usage de la guerre civile en France* (2006), *L'Argent des Français* (Perrin, janvier 2009). À lire seulement les titres desdits livres, impossible de deviner que Jacques Marseille est un idéologue du Medef qui arrondit ses confortables revenus de professeur d'université en conspuant les fonctionnaires dans des petits livres venimeux, vendus grâce au battage de ses amis journalistes. Lesquels évitent également le plus souvent de signaler que leur chouchou est éditorialiste au *Point*, le magazine du milliardaire François Pinault.

La qualité d'historien dont se prévaut le cumulard de la Sorbonne fascine les journalistes qui l'invitent. Le 20 avril 2006, dans l'émission « Café Bazar » sur France Inter, Jacques Marseille hypnotise l'animateur Mathieu Vidard – qui le présente comme un « expert iconoclaste » – en exsudant un trésor de connaissances. « Si Nicolas Baverez avait existé en 1356, il aurait pu écrire *La France qui tombe*[2] », plastronne Marseille. Comment ? La France chuterait depuis bientôt sept siècles ? Oui, insiste Marseille. En effet, « Charles V condamne l'oisiveté des Frères mendiants ; il va dire : il faut travailler. [...] C'est un basculement très important vers la modernité. » Mais l'analyse n'est pas toujours aussi érudite, surtout quand l'historien exhibe ses relations de travail : « Je rencontre aussi souvent Roland Cayrol [Monsieur Sondages depuis cinquante ans], qui dit que la phrase préférée des Français est "ça va péter". » Ou lorsqu'il énonce cette réflexion profonde : « Le monde réel, tel qu'il est, il existe. »

Heureusement, Mathieu Vidard est là pour ramener son invité aux vrais problèmes. « Pourquoi les Français sont-ils aussi allergiques aux réformes ? », demande-t-il, cajoleur. Là, Marseille est dans son élément, expliquant que ce sont les syndicats qui bloquent tout. Et pourtant il soulève ce paradoxe, dont on ne sait s'il cherche à être plus insultant pour les syndicats ou pour les Africains : « 8 % des Français

2 Dans *La France qui tombe : un constat clinique du déclin français* (Perrin, 2003), l'économiste Nicolas Baverez explique que la France « tombe » parce qu'elle n'a pas fait assez de « réformes » thatchériennes.

seulement sont syndiqués, je crois qu'il n'y a que le Gabon qui doit faire moins. »

La complicité qui lie l'historien à ses hôtes journalistes s'explique aussi par ses anciennes sympathies de gauche. À l'instar d'Alexandre Adler ou de Jean-Louis Gombeaud, Marseille a milité au Parti communiste durant ses jeunes années, avant de se tourner vers des utopies plus sonnantes et trébuchantes. Les hommes de presse se reconnaissent volontiers dans un tel parcours, qui les conforte dans leurs propres reniements. Devenu historien, Marseille a mené une carrière d'universitaire standard, marquée seulement par ses manuels scolaires de propagande pour lycéens de terminale. En 2000, son engagement aux côtés des patrons persécutés par le fisc obtient enfin un début de reconnaissance : le Medef l'invite à son université d'été et lui passe commande d'un livre à la gloire de l'Union des industries et métiers de la métallurgie (UIMM), la branche la plus cossue du patronat, dont le fabuleux trésor de guerre défraiera la chronique quelques années plus tard. Pour l'historien, c'est l'opportunité de mettre enfin sa discipline au service d'une grande cause. À la tête d'un bataillon d'universitaires, Marseille va orchestrer la luxueuse édition d'un album grand format publié par un sous-marin du Medef, l'Association pour la documentation et l'assistance des entreprises (Adase). Titre de cet ouvrage à diffusion confidentielle, destiné à illuminer le Noël en famille des maîtres des forges : *L'UIMM, cent ans de vie sociale.*

Quand l'historien Marseille réécrit l'histoire du patronat

Comme le rappelle *Le Plan B* [3], l'historien démontre à cette occasion que sa passion pour les patrons et leurs euros ne le met pas toujours à l'abri des approximations. « Le professeur Jacques Marseille, spécialiste reconnu de l'histoire économique et sociale, a bien voulu prendre la responsabilité de ce livre », indique en avant-propos Denis Gautier-Sauvagnac, alors vice-président délégué général de l'UIMM. « Nous lui sommes reconnaissants d'avoir travaillé sans *a priori.* » Dans son introduction, Jacques Marseille confirme à quel point la notion même d'*a priori* lui est odieuse. L'objectif de l'ouvrage, écrit-il, consiste à faire échec à « une historiographie largement confisquée par les adversaires du patronat » et « par une contestation des principes économiques dont le bien-fondé semble pourtant évident aux dirigeants des entreprises ». Il s'agira donc de « faire comprendre à des esprits marqués par des clivages hérités de la Révolution française et par les guerre franco-françaises que progrès social et profit peuvent faire bon ménage » (p. 10). Les pages qui suivent mettent en scène un catalogue promotionnel dont la falsification historique scandaliserait un élève de sixième, lequel s'amuserait toutefois des légendes apposées (par Marseille ?) au bas des portraits de patrons. Ainsi, sous la bobine du premier secrétaire de l'UIMM, cette note extraite du texte : « Robert Pinot, des yeux pétillants de malice et d'intelligence. »

---

3 « Jacques Marseille au service de l'UIMM », *Le Plan B* n° 11, décembre 2007-janvier 2008. Les paragraphes qui suivent s'inspirent largement de cet article.

La vérité historique estampillée Marseille est assez simple : tout au long du XXe siècle, l'UIMM a fait couler le lait et le miel sur les ouvriers reconnaissants. La journée de huit heures en 1919, les congés payés de 1936 (« L'UIMM pour les congés payés », explique un titre p. 113), la Sécurité sociale et les retraites de 1945, les hausses de salaires de mai 1968 ne sont pas des conquêtes ouvrières arrachées de haute lutte mais des largesses patronales consenties de bon cœur et à présent superflues.

La partie la plus instructive correspond toutefois au chapitre sur « L'UIMM dans la Seconde Guerre mondiale ». Neuf pages de révisionnisme d'où il ressort que les patrons de l'industrie métallurgique française furent tous des Jean Moulin. « Lorsqu'on essaie, aujourd'hui, d'embrasser du regard ce que fut l'activité de l'Union [UIMM] pendant l'Occupation, on ne peut manquer de relever l'importance des actions d'entraide et de solidarité à l'égard du personnel des entreprises : aux efforts spontanés des chefs d'entreprise, l'Union et ses chambres régionales apportèrent, chaque fois qu'elles le purent, l'appui de leurs moyens de dépannage », expliquent les auteurs (p. 130).

La réalité est un peu différente. Contrairement à la Confédération générale de la production française (l'ancêtre du Medef), l'UIMM n'a pas été dissoute durant la guerre. Dès la fin de l'été 1940, elle exprime au ministre de la Production industrielle et du Travail, René Belin, son empressement à se remettre au travail. Puis collabore avec le pouvoir pétainiste, dont elle sera la courroie de transmission industrielle. Le régime de Vichy et les dirigeants nazis ne sont pas ingrats : en février 1941, Jean Fay, vice-président de l'UIMM, fait partie des « personnalités dirigeantes de l'économie française » à qui les autorités allemandes (sur instruction de

Goering) veulent épargner une réquisition de leur logement[4].

De cet épisode glorieux, le livre de l'UIMM ne souffle mot. Marseille et ses collabo(rateur)s se contentent d'évoquer le rôle technique de l'union patronale dans la remise en route de la production et l'organisation du travail. Les auteurs se gardent d'évoquer les conséquences de la Charte du travail promue par le président de l'UIMM Jacques Lenté, qui dissout les syndicats et interdit les grèves. Pas une ligne non plus sur la surexploitation des usines et des mines pendant l'Occupation. Le terme « collaboration », qui résume l'attitude de l'UIMM jusqu'à l'écroulement du régime, n'apparaît d'ailleurs pas une seule fois dans ce chapitre. Sans doute aurait-il vexé les commanditaires de l'ouvrage.

Vient alors pour Jacques « sans *a priori* » Marseille le moment de conclure : « Le patronat français n'a guère tenté, au cours du siècle, de faire sa "réclame" auprès d'une société hostile à l'argent et au profit, et allergique, dans ses grandes masses, aux chiffres, calculs et angoisses qui sont le pain quotidien de ceux [comprendre : les patrons] qui sont chargés de créer les richesses et le travail » (p. 238). Sept ans plus tard, l'actualité fournira à Jacques Marseille une nouvelle occasion de compatir aux « angoisses » de ses commanditaires : à l'automne 2007, la police financière découvre que le président de l'UIMM, Denis Gautier-Sauvagnac, a siphonné au moins 17 millions d'euros en liquide. Des témoins évoquent une caisse noire de 600 millions d'euros qui aurait notamment servi à « fluidifier les relations sociales » avec le monde politique, la presse et les syndicats.

---

4 Voir Annie Lacroix-Riz, *Industriels et banquiers sous l'Occupation. La collaboration économique avec le Reich et Vichy*, Armand Colin, Paris, 1999, p. 75 et 85-86.

Pour le coup, le « pain quotidien » des patrons obtient plus de « réclame » qu'ils n'en espéraient. Soucieux de ne pas effaroucher son lectorat de cadres supérieurs, *Le Point* titre en couverture : « Patronat, syndicats, leur argent noir » (18 octobre 2007). Concentrer le tir sur les syndicats s'avère une bonne tactique pour éluder le sujet central : la constitution d'un trésor de guerre patronal pour casser des grèves et graisser des pattes. Dans le même numéro, Jacques Marseille gronde : « Cette révélation pose la question essentielle de savoir quelle est l'indépendance réelle des syndicats. » La sienne n'est plus à démontrer...

*« Il fallait pas négocier !
Il fallait pas négocier ! »*

La consécration médiatique de Jacques Marseille intervient après 2002, à la faveur du deuxième quinquennat de Jacques Chirac et de l'élongation du petit traître balladurien, Nicolas Sarkozy. Le rond-de-cuir saisit alors sa chance sur le marché très encombré des télévangélistes de la « réforme ». Une ferveur nouvelle aide Marseille à y faire entendre sa petite voix. « La France est fondamentalement bonapartiste dans ses gènes. Elle a besoin d'un homme fort, autoritaire, populaire, qui prenne des décisions et qui remette sans cesse son destin entre les mains du peuple », déclame-t-il un an avant l'intronisation de son gourou (*Le Nouvel Économiste*, 6 avril 2006). Le XXIe siècle sera sarkozyste ou ne sera pas.

Fort de ce postulat, Marseille va occuper le seul poste encore à pourvoir parmi les courtisans du régime : celui du zélateur fanatique qui ovationne le prince mais lui reproche sa mollesse. Retraites, impôts, immigration... Quel que soit le sujet et l'ampleur de la casse, l'ardent serviteur enrage que la « réforme » ne soit pas plus sanglante. Les médias adorent. Synthèse grimaçante d'Alain Finkielkraut et de Nicolas Baverez, bouillant comme l'un et glacial comme l'autre, Marseille sera leur « briseur de tabous », leur « iconoclaste » de marché. Pour épicer le plateau, un seul mot d'ordre : toujours plus sarkozyste que Sarkozy.

Les retraites, son sujet fétiche, lui fournissent l'occasion de monter en puissance. Fin 2007, Marseille court les plateaux pour promouvoir la destruction des régimes spéciaux par le gouvernement Fillon. Rien ne scandalise davantage l'historien que de voir un cheminot se mettre au vert après trente-sept ans et demi de travail. « Quand les cheminots prennent leur retraite à cinquante-cinq ans en moyenne, ils sont en pleine santé, ils pètent le feu ! », s'indigne Marseille, pour qui un bon retraité est un retraité agonisant (« Duel sur la 3 », France 3, 18 novembre 2007). Mais soutenir la « réforme » en cours ne saurait suffire à son statut de rebelle vu à la télé. D'autant que l'animatrice du jour, Christine Ockrent, a pris soin de composer un plateau pluraliste où huit intervenants sur neuf acclament la liquidation des régimes spéciaux[5]. Pour se démarquer, l'économiste doit impérativement brandir les poings. Mais comment s'y prendre quand le seul opposant à la « réforme » admis sur le plateau – Christian Mahieux, du syndicat Sud – concentre déjà sur lui les foudres de tous les autres invités ? Pilonné comme au champ de foire, Mahieux se hasarde à critiquer le passage en force du texte

5 Sur ce noble échantillon de débat démocratique, lire « Christine Ockrent, ministre de la propagande et de la pédagogie », sur le site d'Acrimed, <www.acrimed.org>.

gouvernemental. Marseille bondit sur l'aubaine : « Il fallait pas négocier ! Il fallait pas négocier !, braille-t-il par dessus son éternel petit sourire. Vous vous rendez compte, le temps qu'on a perdu à vouloir négocier, je dis bien négocier, parce qu'il n'y avait rien à négocier ! » Marseille se rengorge, satisfait. Brisé, le tabou du « dialogue social » !

En 2009, rebelote sur la question des retraites. Le régime des cheminots est mort – mais pas la niche fiscale des journalistes ou des sénateurs – et le nombre d'annuités de travail allongé à quarante-deux ans. L'opinion ayant été dûment gavée de « débats » et de « pédagogie », les têtes pensantes du régime envisagent à présent de fixer l'âge légal de la retraite à soixante-sept ans. Les vœux les plus fous de Jacques Marseille paraissent s'exaucer. Est-il comblé pour autant ? Loin de là. Car, entre-temps, le jockey du CAC 40 a enfourché un nouveau cheval de bataille, encore plus racé : réclamer la suppression pure et simple des retraites par répartition afin de les remplacer par des placements boursiers.

Il détaille son idée dans *Le Point* du 18 juin 2009. « 4 464 euros. C'est la somme versée tous les ans par un salarié payé au Smic pour assurer sa retraite. Elle représente les cotisations patronales et salariales dont il pourrait disposer s'il n'était pas "assujetti" à la Sécurité sociale. Placée tous les ans en obligations d'État sécurisées à 3,5 %, cette somme assurerait à ce salarié un capital de 377 000 euros en quarante ans, lui permettant de bénéficier d'une retraite supérieure de 50 % à celle qu'il obtient aujourd'hui. Un argument qui ne plaide pas en faveur de notre modèle social. » De cette démonstration lumineuse, il ressort que : 1) Jacques Marseille se soucie brusquement du bien-être des smicards ; 2) un reste de timidité – à moins que ce ne soit la crise financière ? – l'empêche cependant d'aller au bout de son idée et de militer pour les fonds de pension californiens en tant que substitut au « modèle social français » ; 3) le patron de l'Élysée devrait fermer la Sécu comme on a fermé les goulags.

Sur les impôts aussi, Marseille a de la suite dans les idées. Depuis longtemps, il s'alarme du sort des riches contraints à l'exil par la tyrannie fiscale française. Or les quelque 15 milliards d'euros offerts en 2008 aux contribuables les plus grassouillets – bouclier fiscal, exonérations sur l'impôt sur la fortune, allègement des cotisations sociales, défiscalisation des heures supplémentaires, etc. – ne constituent à ses yeux qu'un tout petit premier pas dans la bonne direction. Son impatience est grande de voir le gouvernement repousser les frontières de l'Eldorado. Dans *Le Point* du 29 mai 2008, il se fait donc un devoir d'explorer les forêts vierges du sarkozysme le plus décomplexé. Son rêve ? Supprimer l'impôt progressif pour le remplacer par un prélèvement de 20 % applicable aux riches comme aux pauvres.

Là encore, sa démonstration est imparable. En 1992, explique-t-il, « les "riches-riches" – le 1 % des foyers imposables – acquittaient 31,2 % du montant total de l'impôt ». Ce n'était que le commencement d'un long martyre, car : « En 2001, à la fin du "quinquennat" de Lionel Jospin, ils en acquittaient 33,5 %. » Et aujourd'hui ? « Aujourd'hui, 35 %. » Imputer ce phénomène à l'augmentation du nombre des grosses fortunes et à l'appauvrissement des petits contribuables serait d'une navrante banalité. Marseille retient une explication plus pittoresque : « La droite a été finalement plus sévère à l'égard des "riches" que la gauche. » Pour en finir avec le honteux scandale des milliardaires affamés par l'UMP, Marseille propose une solution « efficace » et « républicaine » qui consisterait à faire payer par tous les Français « un impôt proportionnel de 20 % sur l'ensemble des revenus, prélevé à la source ». Les riches « seraient alors moins tentés d'utiliser les niches fiscales et de dissimuler leurs revenus, au grand désespoir des fonctionnaires des finances, dont on pourrait alors diminuer considérablement, voire éliminer, le nombre ». Non seulement les « riches » (les guillemets sont gracieusement fournis par l'auteur) se goinfreraient, mais on liquiderait aussi l'infâme engeance des contrôleurs du fisc. D'une pierre deux coups !

Le système de Marseille présente un seul inconvénient : il n'est actuellement en vigueur que dans certains paradis fiscaux, ce qui rend délicate son introduction dans un pays comme la France, toujours figé dans ses indécrottables archaïsmes socialo-communistes. Mais n'est-ce pas le rôle d'un penseur iconoclaste que de défricher les nouveaux horizons de la « réforme » ? Comme l'a calculé Sébastien Fontenelle, l'impôt égalitaire préconisé par Marseille permettrait à « Liliane [Bettencourt], cheffe d'une (grande) entreprise de fabrication de cagoules [L'Oréal] » et investisseuse avisée, d'économiser 27 millions d'euros par an. Tandis que « Roselyne, caissière à Marseille », verrait ses revenus mensuels passer de 800 à 640 euros. On le voit, l'idée pourrait faire son chemin [6].

Au demeurant, les pauvres seraient mal placés pour se plaindre puisque, comme on l'a vu plus haut, « c'est la psychologie individuelle qui est largement responsable de la

6 « Plaidoyer marseillais pour une plus juste répartition de l'impôt entre le milliardaire et le smicard », *Vive le feu*, 29 mai 2008.

pauvreté ». Jacques Marseille peut en témoigner d'expérience. En été 2006, il a été traîné au tribunal des prud'hommes par l'une de ses employées, dont il avait omis de payer les charges sociales. Mue par un ressentiment typique de la psyché populaire, l'ingrate a réclamé – et obtenu – 36 000 euros d'indemnités en tout genre (licenciement, congés payés, etc.). « Elle venait quand elle voulait, elle avait la clé des bureaux, elle n'avait aucune contrainte », s'est lamenté Marseille en réponse au *Canard enchaîné*, qui a révélé l'affaire [7]. On est toujours trop bon avec le petit personnel. Quelques mois avant sa condamnation aux prud'hommes, Marseille avait d'ailleurs mis en garde les lecteurs du *Point* : « Il est malsain de flatter à l'excès les rancœurs d'un peuple. Des enragés de 1793 aux babouvistes de 1796, des contempteurs des 200 familles dans les années 1930 à ceux du CAC 40 aujourd'hui, aucun n'a jamais fait avancer les choses. La haine des Français contre le "mur d'argent" mine les bases fragiles de notre démocratie » (*Le Point*, 20 avril 2006).

« Bienvenue chez les Français »

Pour protéger le mur de l'argent et de la démocratie, il convient en bonne logique d'en éloigner les pauvres. Et plus particulièrement les immigrés, qui, pour l'instant du moins, s'avèrent plus commodes à repousser que leurs homologues autochtones. Là encore, Marseille

7 « Jacques Marseille au pas de charges sociales », *Le Canard enchaîné*, 6 septembre 2006. Curieusement, aucun grand média, que ce soit de radio, de télévision ou de presse écrite, n'a jugé bon de relayer les informations du *Canard*.

n'est jamais à court de surenchère. La traque aux sans-papiers, les quotas de reconduites à la frontière, la recrudescence de lois durcissant les conditions d'entrée et de séjour sur le territoire français ? Peut mieux faire, bougonne Marseille. L'heure est venue d'enclencher la vitesse supérieure, ainsi qu'il le démontre dans une chronique du *Point* intitulée – à la manière d'une banderole au Parc des Princes – « Bienvenue chez les Français » (3 avril 2008).

La thèse de l'économiste tient en peu de mots : l'immigré coûte cher. Affreusement cher. D'emblée, Marseille nous prévient : il va encore briser un tabou. Car, écrit-il, « parler de l'immigration en France rend tremblante toute personne dotée de raison. Tenter d'en chiffrer les coûts et les bénéfices pourrait même valoir à celui qui s'y risquerait un procès devant le redoutable tribunal des bien-pensants ». La France de Jacques Marseille se divise en effet en deux camps : d'un côté la dictature de la bien-pensance, de l'autre une courageuse minorité, follement iconoclaste, qui ne s'interdit pas, au mépris des persécutions encourues, de réduire l'immigré à son coût, ainsi que cela se fait de n'importe quelle marchandise. Quoique minoritaire, le tribun du CAC 40 s'exprime au nom de la majorité silencieuse, dont il a minutieusement sondé l'opinion. Aussi va-t-il « évoquer la question que se pose à mots couverts la majorité des Français : "Quel est le coût réel de l'immigration en France ?" »

Pour répondre à cette question « tabou », Jacques Marseille, qui est aussi un homme de sciences, va se fonder sur une « étude » rédigée par un certain Jean-Paul Gourévitch et publiée, c'est dire si on est en terrain sérieux, par l'association Contribuables associés, auprès de laquelle feu Ronald Reagan passerait facilement pour un bolchevique. Marseille présente son collègue comme un « spécialiste des migrations », ce qui est légèrement exagéré. En réalité, Gourévitch exerce le métier de consultant international en marketing et ressources humaines. C'est aussi un auteur de livres pour enfants, dont la contribution la plus notoire au débat d'idées s'intitule *Les Tribulations d'Évariste* (Hachette Poche Jeunesse, 1997).

Le « minutieux travail » mené par ce grand savant aboutit à une première conclusion, ainsi résumée par le chroniqueur du *Point* : « Largement bénéficiaire pour ceux qui [...] ont décidé de migrer vers les pays du Nord, l'immigration est aussi un bénéfice pour le pays d'accueil. » Ainsi, « pour la France, le total des recettes provenant de la contribution des immigrés à la croissance nationale peut être évalué à un peu plus de 45 milliards d'euros ». Et ça, n'est-ce pas, c'est toujours bon à prendre. Sauf que... Sauf qu'après avoir annoncé cette merveilleuse nouvelle, Marseille en balance une autre, mauvaise au possible : « En additionnant les coûts sécuritaires – 20 % des 61 780 personnes détenues dans les prisons françaises au 1er juillet 2007 étaient constitués d'étrangers –, les cotisations non payées au seul titre du travail illégal – entre 6 et 12 milliards d'euros –, les fraudes à la TVA, les indemnités chômage versées aux immigrés – 5,8 milliards d'euros –, les prestations santé et vieillesse, les prestations familiales – autour de 5,5 milliards –, on obtiendrait, pour les 6,8 millions d'immigrés en France [...], un peu plus de 70 milliards d'euros. »

La rigueur scientifique de ce calcul crève les yeux. Mais c'est surtout sa soustraction finale qui retient l'attention de Jacques Marseille, en même temps qu'elle soulève d'effroi les abonnés au *Point* : « 25 milliards d'euros de déficit, ce qui représente 1,4 % du PIB [...], tel serait le coût de notre politique d'accueil aux autres et d'ouverture au monde. » En somme, l'immigré est un insatiable parasite qui nous vole 25 milliards d'euros chaque année. Bien entendu, conclut Marseille en esquissant son petit sourire coincé, cette comptabilité « ne doit pas inciter à se recroqueviller en nos frontières » – ah ça non, ce n'est pas le genre de la maison. En revanche, elle « doit mettre un terme à toute forme de repentance sur notre prétendue xénophobie ».

Le « travail minutieux » dont se sert Marseille pour récuser la « prétendue xénophobie » du pays des merveilles de N. Sarkozy évoque pourtant un autre travail, non moins minutieux mais plus embarrassant. Il s'agit d'une étude menée dans les années 1990 par le pseudo-scientifique Pierre Milloz pour le compte du Front national. Le « rapport Milloz », dont Jean-Marie Le Pen a fait sa bible, prétendait que les immigrés coûtaient « 280 milliards d'euros au bas mot pour la seule année 1995 ». Comment Milloz a-t-il abouti à ce chiffre extravagant ? Par l'addition du « nombre d'étrangers inscrits à l'ANPE » et « du coût supplémentaire que l'immigration fait supporter aux principaux services publics tels que l'école, la police, la justice, les prisons, les HLM ou la Sécurité sociale », ainsi que le résumait le Front national. Additionner des choux et des navets sous l'apparence d'un calcul savant, en pondérant le résultat par l'âge du capitaine : de Milloz à Gourévitch, la méthodologie a peu évolué.

Ce qui a changé, en revanche, c'est l'accueil réservé à ces « études ». À l'époque du rapport Milloz, la démographe Michèle Tribalat avait dénoncé un « numéro de prestidigitation ». « La population étrangère ne connaît pas un développement séparé de la population française », rappelait-elle, en ajoutant : « Il faudrait faire l'hypothèse d'un "apartheid" démographique pour espérer répondre, sans grande complication, à la question du coût de l'immigration[8]. » Il paraît peu vraisemblable que ce constat ait perdu toute pertinence dix ans plus tard. « L'expertise millozienne, supposée scientifique, est expressément opposée à ce que "répète l'établissement" », notait aussi Pierre-André Taguieff[9]. De la même façon, l'expertise gourévitchienne s'oppose à ce que Marseille appelle « le redoutable tribunal des bien-pensants », version rénovée de l'« établissement » frontiste. Mais ce qui était infamant sous l'appellation FN devient média-compatible sous la signature d'un graphomane du *Point*. La prochaine fois qu'un producteur de télévision consacrera une émission spéciale au meilleur moyen d'économiser 25 milliards d'euros, il n'oubliera pas d'inviter Jacques Marseille.

---

8 Pierre-André Taguieff et Michèle Tribalat, *Face au Front national. Arguments pour une contre-offensive*, La Découverte, Paris, 1998.

9 *Op. cit.*

Nicolas Baverez, la sentinelle du patronat

par Sébastien Fontenelle

On le sait (trop) peu, car c'est (trop) peu dit, mais le Parti socialiste français reste, vingt ans après l'effondrement de l'empire soviétique (envers lequel il fut, jusqu'au bout, « coupablement indulgent »), profondément rongé par de sourdes pulsions collectivistes, des « ambiguïtés idéologiques lourdes de désillusions futures ». Cela se prouve au besoin par le rappel répété, *ad nauseam*, que ce parti-là est le seul de son espèce en Europe qui « n'a pas fait son Bad Godesberg » (du nom du congrès du Parti social-démocrate allemand, qui décida sa rupture avec le marxisme en 1959).

Un fauteuil au Medef

C'est ce que soutient sans rire un homme qui, manifestement soucieux de mettre de la minutie dans sa pédagogie, précisait en 2004, pour qui n'aurait pas compris son alarmant message, que le Parti socialiste hexagonal, non seulement se montre obstinément « rétif à toute idée nouvelle », mais « persiste à avancer masqué, refusant d'assumer sa nature sociale-démocrate qui supposerait qu'il refonde son rapport à la liberté [1] ». Puis encore : en avril 2007, le même homme tient également Ségolène Royal pour un lointain clone de Rosa Luxemburg. En sorte que si, par malheur, la candidate socialiste devait être élue présidente de la République française (en lieu et place de Nicolas Sarkozy), l'éventuelle application de son programme conduirait immanquablement à « une accélération de la crise économique et sociale, plus rapide encore qu'en 1981 [2] » : cela serait, en somme, une apocalypse.

En réalité, chacun sait que le Parti socialiste français a fait son « Bad Godesberg » et s'est massivement converti à la religion du marché depuis un bon quart de siècle – au point, notamment, sous le gouvernement de Lionel Jospin (1997-2002), de privatiser plus que n'avait osé le faire la droite sous Édouard Balladur (1993-1995) ; et qu'il a renoncé, par exemple, à toute idée de « sanctuarisation des acquis sociaux ». Mais la réalité, il faut l'énoncer nettement, n'intéresse nullement l'homme qui voit dans le Parti socialiste un si grave danger pour la France : nous avons là un sectateur du libéralisme, un vrai. Et la retenue, par conséquent, n'entre qu'assez peu dans son dessein propagandaire. Lui-même, d'ailleurs – qui ne se prive jamais, c'est l'un des privilèges de son rang d'éditocrate, d'enfiler quelques rondes perles –, se plaît à relever que « les hommes qui ne croient plus en rien sont mûrs pour croire à n'importe quoi ».

1 *Le Point*, 16 décembre 2004.
2 *Le Point*, 12 avril 2007.

Ce burlesque personnage s'appelle Nicolas Baverez. Un look propret, costume gris souris et cravate rouge de bon goût, cet idéologue d'acier se tient loin des exubérances de certains de ses congénères éditocrates – n'est-il pas l'auteur d'une biographie [3] de son maître à penser revendiqué, Raymond Aron ? Normalien et énarque, né en 1961, il est en principe avocat, mais la presse dominante, où il collectionne les collaborations, préfère le présenter comme « économiste » et « historien » [4], quand il serait plus conforme au respect de la vérité de retenir la qualification pesée de l'encyclopédie en ligne Wikipédia : « Un essayiste français reconnu comme économiste et historien par plusieurs institutions. » Et non des moindres, puisqu'il s'agit, parmi d'autres, du Medef, où il siège depuis 2002 au sein d'un « comité d'éthique entrepreneuriale » (dont l'appellation, à elle seule, justifierait amplement qu'on lui remît chaque année un prix Nobel de l'oxymore). Ou de l'Institut Montaigne, fameuse Église de l'orthodoxie néolibérale, où il a notamment été en charge des (complexes) problématiques relatives aux « affaires étrangères » et à la « défense ».

Domaines dans lesquels sa pensée luit d'une rare brillance, lorsque par exemple il détecte, dans le siècle naissant, un « renouveau agressif des identités religieuses, notamment dans le monde arabo-musulman [5] » (qui n'a décidément pas fini de nous inquiéter). Ou lorsqu'il ose, pris de témérité, diagnostiquer que « l'incertitude et la volatilité ouvrent l'histoire du XXIe siècle, annonçant ruptures et

---

3 Nicolas BAVEREZ, *Raymond Aron, un moraliste au temps des idéologies*, Flammarion, Paris, 1997.

4 *Libération*, 18 septembre 2009.

5 Nicolas BAVEREZ, *Nouveau Monde, vieille France*, Perrin, Paris, 2006 (un livre qui compile nombre des articles antérieurs de notre éditocrate prolifique, artiste en recyclage de ses écrits, que nous citons ici).

surprises de tous ordres [6] ». (De même que l'eau mouille et qu'après l'hiver le printemps vient.)

Après avoir (aussi) été, entre 1993 et 1995, au cabinet de Philippe Séguin, du RPR, du temps que celui-ci présidait l'Assemblée nationale, Nicolas Baverez serait dit-on l'un des – nombreux – conseillers de Nicolas Sarkozy, de l'UMP. Il est donc, et de longue date, confortablement lové au creux chaud de la droite régnante. (Moyennant quoi, il est en général portraituré, comme il est de règle dans l'époque pour les clercs de régime, en « homme libre ».) Pétri de sa propre audace, il choisit bien sûr la liberté, au moment de glisser dans l'urne son petit bulletin, au mois de mai 2007 : il vote « sans hésitation [7] » pour Nicolas Sarkozy, car celui-ci est « sans aucun doute le mieux préparé et le mieux construit des candidats » – ne serait-ce que parce qu'un certain Baverez, Nicolas, compte, dit-on, au nombre de ses conseillers.

Cet engagement assumé, additionné à la formidable originalité intellectuelle qui lui fait notamment dire que les socialistes français devraient promptement se réformer et que les Arabo-musulmans sont quand même un peu inquiétants, aurait probablement suffi à l'établir en phare de l'éditocratie bavarde, qui aurait de toute façon reconnu là deux de ses thèmes de prédilection. Mais c'est par la rédaction d'un livre surmédiatisé que Nicolas Baverez s'est, pour de bon, propulsé jusqu'à la cour des grands et qu'il a pu devenir chroniqueur au *Monde*, en même temps qu'éditorialiste au *Point*.

6 Nicolas Baverez, *En route vers l'inconnu*, Perrin, Paris, 2008.
7 *Le Point*, 12 avril 2007.

Un « essayiste brillant »

Le propos de ce livre à succès publié en septembre 2003 était que la France tombe, mise à terre par son déclin. D'où son titre : *La France qui tombe. Un constat clinique du déclin français* (Perrin). Son auteur y gagne, en même temps que la langue française un nouveau mot empreint d'une touchante poésie, de larges galons dorés de penseur « décliniste » – voire de véritable « déclinologue », appellation qui sent fort le savant. Sa thèse, hardie, est que « l'antilibéralisme est un fléau qui se trouve au principe du déclin et de la régression de la France [8] », comme il ne cessera ensuite de le répéter au fil des ans et de ses (innombrables) interventions.

Pour le dire autrement, Nicolas Baverez, oubliant que les « élites françaises » – c'est à l'évidence ce qu'il entend par « la France », le reste de la population ne comptant à ses yeux que pour quantité négligeable – se sont, de longue date, massivement et complètement soumises aux règles du marché, conçoit « la France », dans le début des années 2000, comme une espèce de tardive démocratie populaire, anachronique survivance dont rien ne saurait soigner la fièvre collectiviste, sauf bien sûr, on l'aura compris, une complète soumission aux règles du marché.

Comme de juste : cette énième déclinaison livresque, à peine plus outrée que de coutume, de l'une des plus traditionnelles antiennes de la médiacratie suscite, à sa parution, un vif débat, qui ne porte bien sûr pas sur l'absolue nécessité d'injecter (beaucoup) plus de libéralisme dans le libéralisme français (sur cela, tout le monde est absolument d'accord),

---

8 Nicolas Baverez, *Que faire ? Agenda 2007*, Perrin, Paris, 2006.

mais sur le choix d'un mot – « déclin » – où d'aucuns voient, tout de même, trop de hardiesse. Dans *Le Nouvel Observateur*, par exemple, Laurent Joffrin voit en l'auteur un « essayiste brillant », mais qu'« on lira » tout de même « avec un certain recul », car si son (brillant) essai recèle incontestablement un « noyau de vérité », en même temps que, çà et là, « une pépite d'analyse qu'on serait fou d'ignorer », Baverez exagère un peu quand, « par souci d'efficacité polémique » (et non parce que sa pensée serait dramatiquement rudimentaire), il « refuse la nuance ».

Claude Imbert, fondateur du *Point*, où Nicolas Baverez éditorialise, aura quant à lui des mots plus directement caressants pour cet employé modèle. Et il jugera encore, trois ans plus tard, en des termes qui devraient marquer l'histoire de la novlangue libérale, que « Baverez a eu raison » et que « la grande affaire n'est plus de contester son pronostic, ce n'est plus de savoir quelles réformes urgentes s'imposent, mais d'inventer la méthode qui les infuserait à une nation décervelée par le mensonge, rechignant à l'Europe et au monde du XXIe siècle, encagnardée dans son passé [9] »...

Fort des vifs encouragements de sa coterie, l'avocat-historien-économiste va dès lors continuer, avec application, à creuser le double sillon qui l'a propulsé vers les hauteurs de la médiacratie et n'en finira plus de clamer, non plus tant le « déclin » de la France, qui n'est ici qu'un prétexte, que l'absolue nécessité d'en finir à jamais avec l'antilibéralisme du « pseudo-modèle social français », obsessif objet du ressentiment de l'essayiste.

---

9 *Le Point*, 9 mars 2006.

Une « guerre civile entre les races »

En novembre 2005, au plus fort du soulèvement des banlieues françaises, Nicolas Baverez écrit par exemple, dans le quotidien espagnol conservateur *ABC* – lequel accueille régulièrement ses articles, adorant l'entendre proférer que « *Francia está en decadencia aguda* [10] » –, que cette « Intifada » banlieusarde « obéit [...] à une logique de guerre civile entre les *races* [11], les générations, les statuts sociaux » et marque l'« implosion du pseudo-modèle social français [12] ». Et de préciser, après avoir si tranquillement réintroduit la notion de « race » dans sa prose élégante, que « la France n'a certes pas le monopole des émeutes urbaines, ni des affrontements avec les immigrés [...], ni des difficultés rencontrées par les nations européennes devant le changement de dimension et de nature de l'immigration, d'une part, la montée du risque terroriste de l'autre » – les deux phénomènes étant ici liés, comme on l'aura compris. Mais que, pour autant, la France est affligée, seule, de particularismes désolants. Notamment l'« intensité de la ségrégation sociale » et la « rémanence d'un chômage de masse ». Mais aussi l'« ampleur de l'immigration clandestine qui bénéficie d'un quasi-statut » et « d'un accès largement garanti et gratuit aux services publics » – comme n'a cessé de le déplorer, depuis de si longues années, le Front national, qui a fait de cette logorrhée l'un de ses thèmes de campagne de prédilection.

---

10 *ABC*, 20 septembre 2003.

11 Souligné par nous.

12 *ABC*, 15 novembre 2005.

Autres pénibles réalités franco-françaises, dont le reste du monde a su se protéger, explique notre déclinologue à ses lecteurs espagnols : « L'abaissement de l'âge de la retraite, les préretraites et surtout la réduction de la durée du travail à 35 heures, la hausse incontrôlée du salaire minimum, le durcissement sans fin du droit social, fondé sur la protection d'une minorité [13] qui reporte les risques de la précarité et de l'exclusion sur le plus grand nombre, ont réalisé l'euthanasie du travail marchand, qui est le premier vecteur de l'intégration, de la définition des identités sociales et de la citoyenneté. » On l'aura compris, même si ce n'est pas dit aussi explicitement : le travail libère. Travailler plus offre l'enivrante perspective de gagner plus de citoyenneté : il serait temps, partant, que les tire-au-flanc geignards des « banlieues françaises » se trouvent de vrais *jobs* – mais sans toutefois réclamer d'augmentations (inconsidérées) de salaire (minimum garanti).

Toute la pensée de Nicolas Baverez tient dans ces quelques ahurissantes considérations : la plèbe des banlieues jadis ouvrières – et avec elle l'ensemble de la population d'en bas – ne souffre pas d'un quelconque manque de prévenance(s) de la France d'en haut, mais, au contraire, d'un excès d'assistance. Ses acquis sociaux, éventuellement conquis de haute lutte, sont la vraie cause de ses souffrances quotidiennes. Il convient par conséquent, pour l'aider à mieux gérer son budget, de la libérer de ces lourdes chaînes que sont l'abaissement de l'âge de la retraite, la réduction du temps de travail, l'augmentation du SMIC (pour symbolique qu'elle soit), ou encore le renforcement des droits des salariés. Il s'agit en fin de compte de livrer au Medef (où

---

13 On aura reconnu les fonctionnaires, ces privilégiés...

l'historien-économiste a son rond de serviette, gage de sa totale objectivité) une main-d'œuvre taillable et corvéable à merci, dépossédée des moyens de protester contre sa condition.

Mais bien évidemment : l'avocat-essayiste (brillant), plutôt que d'appeler ouvertement à l'anéantissement immédiat de tout ce qui pourrait de près ou de loin ressembler à des assurances sociales, préfère parler, par un biais orwellien devenu classique sous la plume des éditocrates, de l'impérieuse nécessité de procéder à de (justes) « réformes ». Ce mot-clé de la pensée magique, dans sa version patronale, a une fonction précise, comme l'a montré Éric Hazan : « Rendre acceptable le démantèlement d'institutions publiques et l'accélération de la *modernisation* libérale [14]. » C'est à cette aune, précise Hazan, que doit par exemple être entendu un Édouard Balladur, ancien Premier ministre RPR, lorsqu'il soutient en 2005 : « Qui dit réforme ne dit pas nécessairement injustice, bien au contraire [15]. » (Mais un peu quand même ?)

Les 35 heures, « c'est l'alcoolisme »

Nicolas Baverez, quant à lui, personnalise volontiers cette rhétorique perverse, quand par exemple il présente la « réforme du pseudo-modèle social français » comme la « condition première de la lutte contre le chômage ». Et de réciter, comme un catéchisme : « 1. Le présumé modèle social français est un mythe [...]. 2. La défense

14 Éric Hazan, *LQR. La propagande du quotidien*, Raisons d'agir, Paris, 2006.
15 *Le Monde*, 17 août 2005.

du pseudo-modèle social [...] est en contradiction avec l'insertion dans l'économie ouverte et le grand marché européen [...]. 3. [...] La véritable politique alternative est libérale [16]. » Cette politique (originale) consiste, cela va de soi, à détricoter tout ce qui participe des solidarités publiques, de la sécurité sociale au sens large et de la protection des droits du salarié. (Lequel est une marchandise comme les autres et qui doit, comme les autres, pouvoir être facilement déplacée – cela porte le joli nom de « délocalisation » – d'un entrepôt vers un autre, si lointain soit-il. Car : « Sans flexibilité accrue du travail, sans souplesse des modes de production et des entreprises, sans investissement massif dans la technologie » – plutôt que dans une hausse des salaires ou le maintien des emplois –, « la croissance intensive, seul antidote durable au chômage et à l'exclusion, restera inatteignable. » Foi de Nicolas Baverez.)

Il faut, ainsi, et vitement, « refonder la protection sociale », par le moyen notamment « d'une réflexion fondamentale sur [...] la frontière entre l'État et le marché [17] ». Toute pudeur bue, l'avocat-chroniqueur se prévaut, pour étayer cet hymne à la privatisation, de... l'article 1 de l'ordonnance du 5 octobre 1945, qui instituait « une organisation de Sécurité sociale destinée à garantir les travailleurs et leurs familles contre les risques de toute nature susceptibles de réduire ou de supprimer leur capacité de gain, à couvrir les charges de maternité et les charges de famille qu'ils supportent ». D'après l'étonnant historien, qui n'hésite pas à vider de son intention un texte effectivement historique, cette ordonnance établissait « un lien direct [...]

16 *Le Point*, 9 juin 2005.
17 *Le Point*, 22 avril 2004.

entre le progrès économique, le travail et la couverture des risques sociaux, lien qu'il est essentiel de rétablir », mais en prenant « en compte [...] l'instabilité du travail », vue comme souhaitable et inéluctable, et qui induit, conformément aux vœux du patronat, « un effort de formation tout au long des carrières professionnelles ». Et en imposant « une nouvelle organisation des pouvoirs et des responsabilités [...], confiant à l'État [...] la définition des politiques publiques et des principes de régulation, aux gestionnaires la charge d'assurer l'équilibre financier par une gestion active des risques et des prestations, aux producteurs et professionnels mis *en concurrence*[18] la qualité des services rendus ».

En clair, pour le formuler en peu de mots autrement que dans le jargonnant patois d'un libéral exalté : il faut privatiser la protection sociale des Français. Fût-ce en sautant à pieds joints sur l'esprit et la lettre de l'ordonnance fondatrice de 1945, dont pour autant on se réclamera sans le moindre commencement de honte – et pourquoi se gênerait-on, puisqu'on est un « homme libre » ? Il est impératif de s'aligner sur le modèle états-unien : celui-là même que Barack Obama, qui n'a sans doute pas suffisamment lu Nicolas Baverez, s'efforce depuis janvier 2009 de véritablement *réformer* pour (un peu) plus de justice sociale, à la plus grande fureur des « producteurs et professionnels » que la misère enrichit.

De même, et toujours selon l'essayiste brillant : il faut d'urgence en finir avec la réduction du temps de travail et remettre les masses au travail (qui leur apportera enfin la citoyenneté). Dans un billet d'octobre 2003, Nicolas Baverez

---

18 C'est moi qui souligne.

énumère donc « sept bonnes raisons de sortir au plus vite des 35 heures[19] » après cinq ans de règne d'un socialisme de gouvernement très modérément dirigiste (où l'on aura, on l'a dit, beaucoup privatisé et dont le chef, Lionel Jospin, succombant à une crise de baverézite aiguë, aura concédé aux marchés que « l'État ne peut pas tout »), mais que l'économiste compare implicitement, sans ciller, à celui du maréchal Pétain : « Les Français, sous le choc du déclin des années 1930, de la débâcle et de l'Occupation, ont travaillé entre 48 et 58 heures de 1945 à 1960 pour reconstruire leur pays, en acceptant de remiser la loi des 40 heures : ils doivent en faire de même avec les 35 heures pour compter parmi les puissances économiques du XXIe siècle. »

Parmi les sept raisons qui d'après lui justifieraient que l'on renonçât immédiatement aux 35 heures, mais aussi que l'on revînt même aux 58 heures hebdomadaires de l'immédiat après-guerre, Nicolas Baverez compte leur « impact social » : celui-ci serait négatif, voire franchement effroyable, puisque « plusieurs études médicales », dont il omet malheureusement de fournir les références précises, « montrent que le temps libre dégagé par [les] 35 heures a pu encourager la recrudescence de certains fléaux sociaux (alcoolisme, violence...) ». Trois jours auparavant, l'économiste-historien s'était montré plus net encore dans son appréhension de ces pathologies : la réduction du temps de travail « est appréciable pour aller dans le Lubéron », mais « pour les couches les plus modestes » – celles qui, donc, ne vont jamais dans le Lubéron –, « le temps libre, c'est l'alcoolisme, le développement de la violence, la délinquance[20] ».

19 *Le Point*, 10 octobre 2003.
20 *20 Minutes*, 7 octobre 2003.

Le mépris de classe peut mettre, certaines fois, un peu de temps à s'imposer pour ce qu'il est. D'autres fois, non. Mais, qu'on se rassure, dans le petit monde des « faiseurs d'opinion », patrons de presse, d'instituts de sondage ou de maisons d'édition, nul n'a tenu rigueur à Nicolas Baverez de cette râpeuse déclaration. Nul ne lui en a voulu d'avoir dit tout haut ce que chacun d'entre eux pense tout bas. Il a toujours sa place au sein du club fermé des éditorialistes *mainstream* qui savent si bien ce dont le (petit) peuple a besoin. Après avoir craché son venin, il continue à lancer, de ses chaires de presse, de permanents appels à plus de « réforme(s) ».

Nicolas Baverez ose tout

Nicolas Baverez, cependant, ne tait pas que le redressement de la France (par la nécessaire modernisation de son « pseudo-modèle social ») ne sera pas non plus un dîner de gala, et que les (courageux) réformateurs devront affronter l'opposition constante, souvent violente, des partisans divers de la « contre-réforme[21] ».

Ainsi, « les fonctionnaires », ces privilégiés, sont dressés « contre la République » pour « assurer le despotisme du *statu quo*[22] » : « Leur objectif porte sur la défense d'intérêts corporatistes et sur le refus *a priori* de tout changement. » (Par contraste : le patronat, quant à lui, ne se replie jamais sur lui-même – en tout cas pas dans la production éditoriale de Nicolas Baverez.) Ils n'ont pas compris – ce n'est pourtant

21 *Le Point*, 17 février 2005.
22 *Le Point*, 20 juin 2003.

pas faute de se l'être entendu expliquer par l'éditocratie – que « l'adaptabilité fait partie des principes fondamentaux du service public ». L'économiste ne se prive pas de le souligner : « Le droit de grève consiste à cesser le travail », c'est déjà beaucoup, mais « il n'autorise pas à bloquer la société par le recours à la violence ». Or, recroquevillés sur leurs scandaleux avantages acquis et leurs somptueux émoluments, les agents de la fonction publique qui protestent, par exemple, contre la (nécessaire) réforme des retraites pratiquent un véritable « terrorisme social » – et sont de surcroît, par voie de conséquence, les « meilleurs propagandistes du Front national »...

L'avocat-historien n'est jamais à court d'imagination lorsqu'il s'agit de dénoncer des « mouvements sociaux endémiques », présentés comme autant de crises d'« épilepsie sociale » ; de fustiger la brutalité du prolétariat et de la plèbe en général ; ou de faire accroire à son lectorat que la France des années 2000, prise de « fascination pour le néant », est sur le point de basculer dans la violence révolutionnaire. Ce « constat » fait sans doute frissonner dans quelques (cossues) chaumières, mais il n'entretient qu'un rapport fort distant avec la réalité, où les salariés maltraités, assommés par les incessants coups de boutoir du gouvernement et du patronat, ne songent même plus à rejoindre des centrales syndicales inefficaces, car parfaitement intégrées au système. Mais cette réalité n'empêche nullement Nicolas Baverez de considérer que « la radicalisation des mouvements sociaux est contagieuse et tend désormais, en France, à s'établir en norme [23] ». Il est vrai que l'éditorialiste se fait du radicalisme une idée atypique et quelque peu extensive.

23 *Les Échos*, 15 juillet 2004.

De son point de vue, le Non français à l'Europe des marchés de mai 2005 constituait ainsi un « vote insurrectionnel » : cette « jacquerie électorale[24] » était, expliquait-il, « une Intifada démocratique[25] ». Pas moins. De même, il jugeait que le gouvernement Raffarin, qui n'était pas exactement une formation gauchiste, s'était « couché » devant les syndicats[26]...

Certes, modeste concession au réalisme, Baverez a aussi affirmé que cet « extrémisme destructeur » des salariés fanatisés « n'est [...] pas le privilège du pseudo-mouvement social[27] ». En effet, la sauvagerie du socialisme des rues « trouve son pendant et prétend à tort puiser sa légitimité dans le comportement déviant de certains dirigeants d'entreprise, dont l'enrichissement personnel est construit sur la liquidation des actifs, des emplois, voire des sociétés dont ils avaient la charge ». Mais bien sûr, pour Nicolas Baverez, membre éminent du « comité d'éthique entrepreneuriale » du Medef, il y a tout de même une différence de fond entre ces deux manifestations d'extrémisme social : contre les patrons, il n'use jamais de l'ahurissante logorrhée dont il abuse pour fouetter leurs salariés. Et il leur trouve, le plus souvent, des circonstances atténuantes qu'il refuse aux travailleurs. Cela se vérifie, lorsque, minimisant l'étendue de l'impudence patronale, il incrimine mollement « certains dirigeants d'entreprise » – une minorité, donc –, coupables d'avoir seulement « dévié » à la seule fin de s'enrichir personnellement et non, quelle idée, pour complaire

24 *ABC*, 15 novembre 2005.
25 *Le Point*, 2 juin 2005.
26 *Le Point*, 14 mars 2003.
27 Chez Nicolas Baverez, on l'aura compris, un mouvement social ne peut être que « pseudo », comme le modèle du même nom. En somme, sous sa plume, rien de ce qui est social n'existe vraiment.

aux actionnaires qui réclament toujours plus de dividendes et de licenciements...

Jamais à court d'arguments raffinés lorsqu'il s'agit de stigmatiser des salariés encolérés, Nicolas Baverez tient que « les mouvements sociaux [...] sont désormais organisés sur une base communautaire, avec pour objectif d'obtenir soit un statut spécifique, soit une tolérance de fait pour s'ériger en contre-société hors de l'État de droit [28] ». La défense des services publics, pour ne citer que cet exemple, est donc – *horresco referens* – un « communautarisme », prélude possible à un basculement dans l'illégalisme. Il suffit d'oser l'écrire, pour que soudain tout change.

Et justement : Nicolas Baverez ose tout. C'est même à ça qu'on le reconnaît. L'avocat-historien, on l'aura compris, évolue dans un univers mental totalement déconnecté de la réalité, où la populace émeutière, agglomérée en meutes où le salarié licencié se mélange au musulman des banlieues, travaille, main dans la main avec le tristement fameux agitateur bolchevique Jean-Pierre Raffarin, afin de maintenir sur une France réduite à des ruines l'emprise de l'État « vampire » [29] communiste.

Le capitalisme est une émancipation

Dans ce monde si personnel, le libéralisme est une panacée qui ne sauvera pas seulement la France (qui tombe), mais bien la planète tout entière. Ne serait-ce que parce que le capitalisme est profondément progressiste – de

---

28 *Le Point*, 16 septembre 2004.
29 *Ibid.*

gauche, même, pourrait-on dire –, de sorte que « les démocraties développées, au lieu de cultiver les obsessions sécuritaires et les tentations protectionnistes, les sentiments identitaires et les passions nationales, ont tout à gagner à préserver la dynamique du libre-échange et du risque entrepreneurial, qui sont les conditions nécessaires à la haute croissance et au plein emploi [30] ».

Au reste, pour qui douterait que la soumission au capitalisme soit une authentique émancipation, Nicolas Baverez, retrouvant soudain quelques accents de feu Patrice Lumumba, explique aussi en septembre 2004 que « la conversion des superpuissances démographiques du Sud au capitalisme et au marché constitue une révolution qui marque le début de leur véritable décolonisation [31] ». Et d'avancer encore, en juin 2005, ce décisif argument : « Les États-Unis, en dépit du pire krach de l'histoire, [...] traversent les années 2000 en situation de plein emploi [32]. » C'est faux, mais n'est-ce pas la preuve ultime que le marché reste l'horizon indépassable de l'humanité ?

Nicolas Baverez, on l'aura mesuré, est à lui seul une impressionnante machine intellectuelle. Dont, en 2008, un détail imprévu grippe toutefois quelque peu les rouages : la crise financière mondiale, qui est, comme lui-même en convient, la « plus grande depuis l'apparition du capitalisme, par sa nature et son ampleur [33] ». L'avocat-historien use alors, pour (se) rassurer, de l'éprouvée méthode Coué et va répétant que la mondialisation, dont le monde entier observe alors l'extrême nocivité, « conserve des aspects

---

30 *Les Échos*, 30 novembre 2004.

31 *Les Échos*, 7 septembre 2004.

32 *Le Point*, 9 juin 2005.

33 Nicolas Baverez, *En route vers l'inconnu*, *op. cit.*

positifs ». En cela, comme l'observe, taquin, l'économiste Frédéric Lordon, Nicolas Baverez rappelle irrésistiblement le « regretté Georges Marchais » chantant le « bilan globalement positif » de l'Union soviétique [34]. Enserré dans son carcan idéologique, l'éditorialiste reconnaît du bout des lèvres (difficile de faire autrement sans risquer l'internement d'urgence) que « le capitalisme mondialisé [...] est entré en crise [35] » et que « l'autorégulation des marchés est un mythe ». Mais il ajoute aussitôt que « le libéralisme est le remède à la crise ». Or, demande Frédéric Lordon : « Qu'est-ce que le libéralisme, sinon la forme d'organisation économique déduite du postulat de l'autorégulation des marchés ? » Excellente question. À laquelle, bien sûr, Nicolas Baverez ne répondra jamais.

Il est vrai qu'il a de plus urgentes préoccupations. Le 18 septembre 2009, plus d'un an après le début de la « plus grande crise depuis l'apparition du capitalisme », il lance, dans *Libération*, cet avertissement solennel : « Ni le capitalisme ni la mondialisation ne sont condamnés. » L'éditocrate fou, jamais, ne baissera la garde : chapeau l'artiste !

---

34 Frédéric Lordon, *La Crise de trop. Reconstruction d'un monde failli*, Fayard, Paris, 2009.

35 *Marianne*, 4 octobre 2008.

Ivan Rioufol, l'imprécateur du vendredi

par Sébastien Fontenelle

Chaque vendredi que Dieu fait, le quotidien *Le Figaro*, propriété de l'avionneur Serge Dassault, élu de l'Union pour un mouvement populaire (UMP), qui le conçoit comme la tribune d'où il peut dire toute son affection à Nicolas Sarkozy, chef de l'État français [1], publie, dans ses pages dévolues aux débats, un prêche halluciné : c'est le « bloc-notes » d'Ivan Rioufol, prédicateur ultradroitier auprès de qui, rétrospectivement, feu Max Clos, du *Figaro* itou (et auquel il a succédé en 2002), qui n'était pourtant pas le dernier des réactionnaires exaltés, ferait (presque) figure de mollasson droit-de-l'hommiste.

1 Dans un désopilant billet publié le 1er janvier 2008 à la une de son journal, Serge Dassault adresse ainsi ses vœux les plus sincères à ses lecteurs et « à la France qui a choisi » en mai 2007 un « président dynamique et courageux ». Il précise, pour Nicolas Sarkozy : « Nos encouragements et notre appui l'accompagnent pour réformer un pays dont les habitudes ont besoin d'être changées. »

Le maquisard d'une guerre imaginaire

Pour le dire autrement, et plus nettement : Ivan Rioufol, qui se pique, on le verra, d'être un homme libre et en tout cas rétif à ce qu'il nomme le « bien-pensisme », reçoit tous les mois son émolument d'un élu du parti régimaire, sénateur-maire UMP, jusqu'à l'été 2009, de Corbeil-Essonnes (Essonne).

Distrayante anecdote : au mois de juin 2009, reconnaissant des irrégularités dans les comptes de campagne de l'édile marchand d'avions, le Conseil d'État a annulé les élections municipales qui s'étaient tenues un an plus tôt dans la commune et que l'industriel avait remportées. Dans un communiqué de presse daté du 8 juin, le Conseil d'État confirme avoir « considéré que divers éléments établissaient l'existence de dons d'argent d'une ampleur significative, de la part du maire sortant » – Serge Dassault, donc – « à destination des habitants de la commune » et avoir « jugé que ces faits, qui traduisaient une pratique persistante, y compris pendant la période électorale, devaient être regardés comme ayant pu affecter la libre détermination des électeurs » ; et que, plus précisément, « compte tenu du faible écart de 170 voix séparant la liste arrivée en tête de la suivante, ces faits ont été de nature à altérer la sincérité du scrutin et à en vicier les résultats ». Mais le bloc-noteur du *Figaro*, qui manque pourtant rarement de proclamer son attachement à de hautes valeurs, a pudiquement négligé de commenter cette péripétie...

Comme éditorialiste, Ivan Rioufol est par conséquent au plus près du manche, tenant ses revenus (il convient d'y insister un peu lourdement, car le personnage fait profession de n'être inféodé à rien) d'un représentant, et non le moindre, du parti majoritaire : ce n'est pas forcément le gage, *a priori*, d'une farouche indépendance, mais nous verrons que tout dépend du point de vue. Et qu'il suffit à certains de sauter comme des cabris en criant « résistance » pour se voir et se vivre, en effet, en dépit d'une réalité moins directement flatteuse, comme les irréductibles maquisards d'une guerre imaginaire contre une « pensée conforme » qui n'existe que dans leurs cerveaux enfiévrés.

Avec cela, Ivan Rioufol, qui tient fidèlement informés les (chanceux) lecteurs du blog de combat qu'il anime sur le site du *Figaro* de ses multiples (et diverses) prestations, se produit aussi à la télévision – BFMTV, i-télévision – et à la radio, où régulièrement il « refait le monde » sur RTL, juste avant 20 heures, avec d'autres clercs de médias de haute volée (parmi lesquels Alain-Gérard Slama, Alain Duhamel, etc.). Il lui arrive aussi de se laisser inviter, pour promouvoir sa production livresque, à l'antenne de Radio Courtoisie, une « radio culturelle associative » qui se présente volontiers comme ouverte à toutes les droites – de fait, le parti lepéniste dispose de plus d'un rond de serviette – et qui a plusieurs fois été admonestée par le Conseil supérieur de l'audiovisuel « pour des propos considérés comme potentiellement racistes, injurieux ou négationnistes ». Mais ces voisinages et ces avertissements ne semblent pas (du tout) gêner Ivan Rioufol, dont la tolérance est de géométrie variable, selon qu'elle s'applique à la droite (fût-elle rugueuse), qu'il ne hait point, ou à la « gauche », qu'il honnit uniment, hormis quelques-uns de ses plus atypiques représentants, comme le député « socialiste » sécuritaire Manuel Valls, dont il aime, de loin en loin, flatter l'encolure. (« Manuel Valls a raison quand il estime, qu'"il est minuit moins le quart avant la mort clinique du Parti socialiste" », écrit Ivan Rioufol sur son blog le 10 juin 2009, avant d'ajouter : « Mais qu'attend-il, Valls, pour bousculer la vieille formation, la sortir de son formol, la confronter aux faits ? »)

Ivan Rioufol, en authentique éditocrate, est bien évidemment d'une très stricte orthodoxie ultralibérale et ne cesse de stigmatiser l'« État-mamma » [2] : un État-providence qui n'existera bientôt plus que dans son inventif esprit et dont, en tout état de cause, il néglige – miracle du tri sélectif des indignations – de fustiger l'immixtion dans les affaires privées de ses administrés lorsque son chef, Nicolas Sarkozy, endosse au Brésil, au mois de septembre 2009, pour vendre des avions de chasse, un blazer de VRP de la maison Dassault.

Mais le bloc-noteur du *Figaro* se distingue tout de même par son absence totale d'inhibition, lorsqu'il s'agit d'ériger en dogmes d'accablantes énormités. Il peut ainsi énoncer que « le capitalisme et le libéralisme ne sont pour rien dans la paupérisation des classes moyennes », qui payent, au contraire, « les réticences de leurs dirigeants face à la libre entreprise et l'initiative privée ». Cette récitation de l'un des plus appréciés cantiques de l'éditocratie ne tient évidemment aucun compte du minuscule détail que les gouvernements – de droite comme de gauche – qui se sont succédé à la tête du pays depuis les années 1980 n'ont cessé de promouvoir la libre entreprise et l'initiative privée. Mais elle permet à Ivan Rioufol, fidèle, en cela aussi, à l'une des antiennes des éditorialistes dominants, de se féliciter, en décembre 2007, de ce que les socialistes français aient enfin

---

2 *Le Figaro*, 11 septembre 2009.

consenti à « reconnaître l'économie de marché[3] », comme si c'était une nouveauté de la veille (et non un réalignement remontant au début des années 1980) et comme s'il venait de remporter personnellement une victoire sur le collectivisme.

Il est vrai : le chroniqueur revient d'assez loin, puisque jusqu'alors il tenait l'étatisme du Parti socialiste pour une « curiosité dont seuls la Corée du Nord et Cuba os(ai)ent encore vanter les mérites » – et Lionel Jospin, donc, pour un émule hexagonal du cher dirigeant Kim Jong-Il.

Amalgames (très) grossiers

Mais c'est quand il s'érige en défenseur de la liberté de « mal penser » contre les tenants du « politiquement correct » qu'Ivan Rioufol donne, pour de bon, la pleine mesure de son talent. Au mois de février 2007, par exemple, il s'ouvre au monde de sa désolation de se heurter à une « interdiction de fumer dans les lieux publics et de mal penser sur l'homosexualité, de discuter de la Shoah et du génocide arménien, de critiquer Mahomet et de s'interroger sur la surnatalité en Afrique ou la composition de l'équipe de France de football ».

On observe, là, que le bloc-noteur ne méprise pas complètement l'idée, originale et si furieusement novatrice, de manipuler son lectorat par de (très) grossiers amalgames : cet extravagant mélange d'une incontestable vérité législative et d'une série de fort conséquentes menteries constitue même, convenons-en, un modèle du genre. Car si

3 *Le Figaro*, 21 décembre 2007.

l'interdiction de fumer dans les lieux publics est en France une réalité, officiellement née de préoccupations d'ordre sanitaire, celles de mal penser sur l'homosexualité ou de critiquer Mahomet, ou encore de s'interroger sur la composition de l'équipe de France de football, n'existent guère que dans l'imagination (fertile) d'Ivan Rioufol.

Ainsi, le très charmant député UMP du Nord Christian Vanneste, auteur en 2004 d'un légendaire amendement législatif incitant à louer le « rôle positif » de la colonisation française, a pu aussi vomir l'année suivante, sans être autrement inquiété, que l'homosexualité constituait une « menace pour la survie de l'humanité » et qu'elle était « inférieure à l'hétérosexualité » : il a, c'est vrai, d'abord été condamné en première instance, au mois de janvier 2006, puis en appel en janvier 2007, pour « injures en raison de l'orientation sexuelle ». Mais la Cour de cassation a finalement annulé, en novembre 2008, cette scandaleuse atteinte à la liberté de proclamer son homophobie : entre-temps, l'UMP avait naturellement renouvelé toute sa confiance au brillant député.

De la même façon, *Charlie Hebdo* a très librement pu critiquer Mahomet, en publiant notamment, en février 2006, une caricature islamophobe tristement fameuse, qui assimilait *de facto* l'islam au terrorisme : l'hebdomadaire comique a même bénéficié, pour la circonstance, du soutien remarqué de Nicolas Sarkozy, candidat UMP à l'élection présidentielle, dont la préférence allait alors à l'« excès de caricature » plutôt qu'à trop de censure (mais dont l'engagement, sur un tel sujet, devait s'infléchir après son accession à la chefferie de l'État français, d'où il n'a de cesse, désormais, que de laisser punir ses trop irrévérents sujets).

De même encore, les plus détestables considérations sur la composition de l'équipe de France de football peuvent être posément dites, sans que cela ne prête le moins du monde à de trop fâcheuses (et liberticides) conséquences : quatre ans après avoir publiquement jugé, au mois de novembre 2005, que cette équipe comptait quand même *beaucoup* de Noirs et que, d'ailleurs, cela faisait « ricaner toute l'Europe », le fameux philosophe de télévision Alain Finkielkraut, dont Ivan Rioufol aime, dans sa production, évoquer parfois la (haute) pensée [4], continue, aux jours où ces lignes sont écrites, de pontifier partout – et par exemple dans les pages du *Figaro* – comme si de rien n'était.

Ivan Rioufol erre, par conséquent, d'un errement qui n'est pas bénin, lorsqu'il affirme qu'il serait impossible, car interdit, en France, d'exprimer des avis (ultraréactionnaires) qui sont, au contraire, si bien ancrés dans leur époque et si conformes, désormais, à l'ambiance générale du sarkozysme, que leur dégurgitation, pour obscène qu'elle soit, ne suscite plus guère, hors le périmètre d'une gauche (très) minoritaire et dans le meilleur des cas, que des haussements de sourcils hâtivement réprimés.

Plus gênante – beaucoup plus gênante, pour ce qu'elle induit – est son affirmation qu'il serait (aussi) interdit de « discuter de la Shoah ». Cette désespérance n'est certes pas (non plus) complètement nouvelle (rien de ce qu'Ivan Rioufol écrit n'est vraiment nouveau) : on y trouve, très nettement, l'écho de la tristesse de l'historienne réactionnaire et académicienne Hélène Carrère d'Encausse, qui déjà

4 Ivan Rioufol a beaucoup aimé, notamment, et le rappelle sur son blog le 24 novembre 2008, « la remarque d'Alain Finkielkraut, décrivant en 2006 l'idéologie antiraciste comme le "communisme du XXIe siècle" ». Elle était, de fait, d'une rare intelligence.

déplorait, à l'automne 2005 (laquelle fut décidément l'année de toutes les crânes audaces), après avoir elle-même donné son râpeux point de vue sur la polygamie des nègres des banlieues, qu'en France « les gens ne [puissent] pas exprimer leur opinion sur les groupes ethniques, sur la Seconde Guerre mondiale et sur beaucoup d'autres choses » – mais sans toutefois préciser davantage sa pensée ; oubli (de prudent aloi) qui avait amené le juge Éric Halphen à demander, dans un livre : « Qu'est-ce qu'on ne peut pas dire, sur la Seconde Guerre mondiale ? » Excellente question – restée sans réponse, bien sûr.

Dans le cas de l'assertion d'Ivan Rioufol, que navre une « interdiction [...] de discuter de la Shoah », d'autres interrogations viennent à l'esprit : en quoi, exactement, pourrait-on « discuter » de cette abomination ? Où serait l'incertitude, prétexte à un (quelconque) débat, sur ce qu'elle fut ? Et surtout : qui réclame régulièrement qu'on en « discute », précisément ? Un homme, partisan proclamé (suivez son inquiétant regard) du « respect de la liberté d'expression pour les enseignants qui exercent un regard critique sur l'histoire de la Seconde Guerre mondiale », détient probablement un bout de la réponse à ces différentes questions. C'est Bruno Gollnisch, délégué général du Front national, auteur en 2004 de ces raffinés propos : « Je ne remets pas en cause les déportations ni les millions de morts des camps nazis, mais quant à savoir la façon dont ces gens sont morts, ce débat doit avoir lieu. » Et de cette précision : « Il faudrait laisser les historiens en *discuter*[5]. »

5 Souligné par nous.

Furieuses phobies

Plus globalement, les dissertations hebdomadaires d'Ivan Rioufol, comme ses livres, sont de façon incroyablement caricaturale une quintessence de ce que Robert Badinter, le premier, avait si justement nommé en 1997 la « lepénisation des esprits[6] » : ces lancinantes rédactions, où le vocabulaire actif se réduit pour l'essentiel à quelques mots et locutions totémiques, donnent en effet l'impression d'être (fiévreusement) rédigées sous l'emprise de phobies (furieuses) nourries d'images où la République est sempiternellement violentée par de fantasmatiques mahométans ou de cauchemardesques jeunes banlieusards, éventuellement animalisés (ils sont des « fauves » dans le bloc-notes du 17 juillet 2009) – souventes fois, ce sont les mêmes.

Le journaliste Alain Gresh observe en effet que « jusqu'au début des années 1990, certaines thèses sur l'islam et les musulmans étaient défendues avant tout par le Front national », mais que, au fil du temps, ces glauques divagations « sont devenues [...] des lieux communs dans les médias et chez nombre d'intellectuels[7] ». Ainsi, à la fin des années 1980, le parti lepéniste s'inquiétait : « L'islam, qui représente déjà la deuxième religion en France, [...] menace notre identité. »

À l'époque, un chercheur, Pierre-André Taguieff[8], décryptait en ces termes (et dans son inimitable style) ce

---

6 Voir Pierre Tévanian et Sylvie Tissot, *Dictionnaire de la lepénisation des esprits*, L'Esprit frappeur, Paris, 2002 ; et Alain Gresh, *L'Islam, la République et le monde*, Fayard, Paris, 2004.

7 *Ibid.*

8 Pierre-André Taguieff s'est « converti depuis à l'idée d'une "menace islamiste" », comme le souligne Alain Gresh, et par conséquent Ivan Rioufol aime désormais chanter sa louange, le jugeant, par exemple, dans son bloc-notes du 29 août 2008, singulièrement

grossier morceau de propagande : « La tant rebattue "perte de l'identité française" formule aussi avec discrétion la hantise lepénienne de la "substitution physique" d'une population (immigrée) à une autre (française, blanche, catholique)[9]. » Et Taguieff précisait : « Tandis que le système républicain reconnaît la légitimité des cultures minoritaires dans la sphère privée, le nationalisme de droite ne tolère pas leur existence et interprète toutes les formes de culture minoritaires comme l'indice d'invasion, de destruction et de décomposition de l'identité nationale. Toute minorité est perçue comme corps étranger, organisme parasitaire et prédateur. » Gardons cela en tête et piochons, vingt ans plus tard, quelques bribes, çà et là, de la prose d'Ivan Rioufol, telle qu'on la trouve dans son bloc-notes et dans ses livres.

Le 17 décembre 2004, par exemple, il écrit dans *Le Figaro* : « Un insidieux endoctrinement, appuyé par la vision inoffensive d'un libre marché élargi [10], veut faire croire que l'islam, force de paix, sauvera l'Europe menacée. À condition que celle-ci s'associe à une Turquie "rempart contre l'islamisme" et s'ouvre plus généralement à la culture musulmane. Afin d'éviter le choc des civilisations redouté par une idéologie pacifiste, les dirigeants occidentaux sont prêts à accélérer la déchristianisation de l'Europe. » Et encore : « "Propagande islamiste" : c'est par cette expression que le grand intellectuel protestant Jacques Ellul désignait, dès 1983, "la création de mosquées partout, même en URSS,

---

perspicace quand il « décortique » le « discours de haine de l'Occident judéochrétien »qui de nos jours « s'épanouit » en France.

9 Pierre-André TAGUIEFF, *Face au racisme*, tome 1, La Découverte, Paris, 1991.

10 Pour Ivan Rioufol, qui est frénétiquement libéral, la vision d'un libre marché élargi ne peut bien sûr qu'être inoffensive.

la diffusion de la littérature et de la culture arabes, la récupération d'une histoire". » (Musulmans, arabes : c'est tout un, on l'aura noté.)

Trois ans plus tard, en 2007, dans son livre *La Fracture identitaire*[11], où il ose, en héros, écrire tout haut « ce qui ne se dit pas » (sauf dans les pages de fin de semaine du *Figaro* et, certaines fois, aux meetings de la droite extrême), il proclame qu'« une fracture identitaire ébranle le fragile équilibre de la nation » française, et qu'il faut « rapidement mettre fin au processus de déculturation et de défrancisation enclenchée [*sic*] par [...] un multiculturalisme impensé ». Car, déjà, pour le plus vif effroi de qui tient chronique chez un avionneur de l'UMP, « l'amenuisement du sentiment national donne prise aux exigences des minorités et, singulièrement, aux surenchères de l'islam politique ».

Très en verve, l'essayiste Rioufol, moins bridé dans ses livres par le manque de place que ne l'est le vendredi le blocnoteur Ivan, laisse aller sa plume et son imagination : « Les Français », narre-t-il, sont « un vieux peuple qui, comme un sucre, peut se dissoudre et disparaître » (dans un verre de thé à la menthe), car, en lieu et place de leur antique terroir d'extrême-Occident, « une société postnationale est en train de s'édifier sur un trou de mémoire », qui « fait oublier que l'islam, porté par la nouvelle immigration africaine et nord-africaine, a, au cours des siècles, [...] représenté une "menace guerrière permanente" pour le monde chrétien ». Au point que « les Européens, régulièrement envahis, n'ont eu de cesse, à commencer par Charles Martel à Poitiers en 732, [...] de chasser l'intrus ». (Et de poser, comme pour confirmer que décidément rien n'est si facile que de refaire

11 Ivan Rioufol, *La Fracture identitaire*, Fayard, Paris, 2007.

en quelques lignes l'histoire du monde, cette surréaliste question : « La France connaîtra-t-elle un jour le sort d'Israël qui a édifié une barrière pour se protéger de l'islam extrémiste ? »)

Par comparaison, la propagande nationaliste des années 1980 et 1990 – quand le Front national désignait l'islam comme l'« ennemi naturel de l'Europe[12] » – passerait presque, rétrospectivement, pour un modèle de sobriété. Car, chez Ivan Rioufol, l'islam et l'immigration (essentiellement « africaine et nord-africaine »), toujours présentés, il va de soi, comme deux faces d'un même (redoutable) dé, sont une véritable obsession.

Dans son bloc-notes du 8 mai 2009, il estime sans rire – l'humour n'est pas (du tout) son fort, mais il est vrai qu'il traite le plus souvent de l'avenir du monde libre, sujet grave entre tous – que, « depuis le 11 septembre 2001 » et nonobstant, détail évidemment négligeable (et de fait méticuleusement négligé par le chroniqueur), le fait que George W. Bush a mené en Afghanistan et en Irak deux croisades monstrueuses, « le monde libre demeure désarmé face au radicalisme islamique, qui poursuit sa guerre contre l'Occident ». Au reste, comme chacun sait (à condition, évidemment, que chacun lise le vendredi *Le Figaro*) : « Le pacifisme des Européens », qui ont définitivement oublié le (cher) souvenir de Charles Martel et dont, par conséquent, la « münichite » aiguë n'est toujours pas soignée, « est une aubaine pour les djihadistes qui s'appuient sur les sociétés multiculturelles ».

Le 3 juillet suivant, il déplore : « L'insouciance de l'État face à l'immigration de peuplement fait partie de ces

---

12 Voir Pierre TÉVANIAN et Sylvie TISSOT, *Dictionnaire de la lepénisation des esprits*, *op. cit.*

attitudes incomprises par une partie de la population. » (Celle, précisément, dont lui-même entretient semaine après semaine, sans jamais désemparer, les plus basses phobies.) Dans son bloc-notes du 17 juillet 2009, enfin, il s'interroge gravement : « Qu'attendent [les] belles âmes [...] pour réclamer de la mesure dans la politique d'immigration qui, en France, reste intouchable ? L'afflux de migrants et de réfugiés en Europe [...] serait une opportunité pour relancer le débat. Mais la France n'envoie pas le bon message quand le ministre de l'Immigration accueille lui-même à Roissy, après avoir fait dérouler un tapis rouge, 92 réfugiés débarqués à Malte et transférés en France. Ceux-là pourront bénéficier d'un logement, du revenu de solidarité active, de la couverture maladie universelle, des allocations familiales et de la scolarisation des enfants. La France voudrait-elle attirer d'autres déshérités qu'elle ne s'y prendrait pas autrement. »

En réalité, comme nul ne l'ignore (sauf, à l'évidence, l'excellent Ivan), le ministre en question, Éric Besson, vivante incarnation de la dignité en politique, est d'abord connu pour être l'ordonnateur de la traque policière à grande échelle des sans-papiers (où n'entre aucun « tapis rouge »), à la seule fin d'expulser, quotas obligent, au moins 27 000 d'entre eux par an – pour un coût (absurde), selon la commission des finances du Sénat, de quelque « 20 970 euros par personne reconduite [13] », soit tout de même une ponction dans le budget de l'État de 566 millions d'euros par an... Mais Ivan Rioufol, qui excelle à remplacer la réalité par une réalité-*bis* totalement fantasmagorique,

13 « La commission des finances s'inquiète d'une sous-dotation sur le budget de l'immigration 2009 », communiqué du Sénat, 13 novembre 2008.

plutôt que de remémorer à ses lecteurs ce particularisme (qui a ceci de pénible qu'il réduit à néant son incommodant exposé), préfère leur suggérer, pour la énième fois, que les immigrés, fussent-ils réfugiés, sont de gros consommateurs d'allocations. Et que, par conséquent, chacun l'entreverra au terme d'une courte réflexion, ils ôtent le pain de la bouche de fiers travailleurs français (de souche) : cela, aussi, n'est-ce pas, est l'une des plus vieilles thématiques propagandaires de l'extrême droite xénophobe – mais quand c'est *Le Figaro* qui publie cette logorrhée glaçante, elle gagne, assurément, de l'honorabilité...

Le croisé du combat contre le « totalitarisme bourgeonnant »

La vérité, cependant, oblige à concéder qu'Ivan Rioufol ne se défie pas seulement des immigrés et des mahométans, nuisibles rongeurs des identités d'Occident : il exècre également, non moins uniment, (leurs complices de) « la gauche » – dont les pouvoirs, c'est notoire, n'ont cessé de s'accroître depuis l'accession de Nicolas Sarkozy à la chefferie de l'État français.

Le 4 avril 2008, par exemple, sacrifiant à l'une de ses plus fortes addictions, il fustige dans son bloc-notes les (puissants) « mouvements radicaux » qui « se développent sur le rejet du capitalisme mondial et des démocraties occidentales » et confesse dès lors sa peur que la « récession nord-américaine », désignation primesautière de ce qui sera l'une des plus spectaculaires crises de l'histoire du capitalisme, ne « donne des arguments à Olivier Besancenot et aux altermondialistes », ennemis fameux des démocraties occidentales, « dans leurs critiques du système ». Alors même que la France, quoique présidée par une droite versaillaise particulièrement rugueuse, est au bord d'une implacable révolution écarlate, puisque aussi bien « des lycéens dressés » comme des chiens « aux "rébellions citoyennes" rêvent de passer aux travaux pratiques », cependant qu'« Alain Badiou [...] veut faire partager son enfermement marxiste ».

Le bloc-noteur, expert dans la forgerie, un rien stalinienne, de fantasmatiques périls – inepte démagogie du chiffon rouge – demande, sérieux comme un pape : « La démocratie sera-t-elle assez forte pour maintenir à la marge ce totalitarisme bourgeonnant ? » (Ou cédera-t-elle aux assauts concertés de quelques lycéens et d'Alain Badiou ?) Les musulmans, les communistes : Ivan Rioufol a des phobies révélatrices (et complémentaires, puisqu'il (se) compte, bien sûr, au nombre des fins clercs qui vont débusquant volontiers, dans le siècle naissant, les « islamo-gauchistes [14] », un peu comme, en d'autres époques, d'autres brillants intellectuels traquaient dans leurs entours l'hydre judéo-bolchevique).

Ces manies sont le socle où il fonde, pour l'édification des masses, comme ont toujours fait la droite réactionnaire et le totalitarisme soviétique, une vision du monde suavement binaire, facilement accessible à quiconque serait en recherche, pour ses malheurs (et ceux, éventuellement, d'autrui), de commodes boucs émissaires : comme l'explique un (méchant) post du blog *Consanguin*, la pensée Rioufol propose un choix simple entre « l'ultralibéralisme catho-conquérant (inspiré du néoconservatisme protestant

---

14 *Le Figaro*, 29 juin 2009.

américain) ou [...] l'islamisation bolchevique », entre « la civilisation rentable-durable sarkopilotée ou la barbarie obscurantiste amenée par l'ethnomasochisme des gauchistes [15] ».

En cela, Ivan Rioufol est bien d'ici et de maintenant. Emblématique de son lieu et de son époque, les deux pieds solidement arrimés dans la France décomplexée et imbue de son versaillisme, que dirige un homme, Nicolas Sarkozy, qui a fait campagne sans honte sur les terres du Front national pour se hisser à l'Élysée. (Avis d'expert de Daniel Simonpieri, ex-maire de Marignane, passé du parti lepénien à l'UMP : « Beaucoup d'électeurs FN ont constaté que Nicolas Sarkozy disait les mêmes choses que Le Pen, mais que lui avait une chance de les mettre un jour en application. ») Pour autant : ce journaliste qui écrit (et pense), on l'a dit, au plus près du manche, se vit tout de même, fascinante illusion, comme un authentique résistant à une imaginaire oppression qu'il nomme, indifféremment, « bien-pensisme » ou « pensée conforme » ; comme un iconoclaste briseur de tabous, exactement comme si l'idéologie dominante n'était pas, sous le règne de Nicolas Sarkozy, celle que portent l'UMP et (donc) *Le Figaro*.

Typiquement : quand paraît en 2005 un épais recueil de ses chroniques, son éditeur le présente (gentiment) comme une « contribution authentiquement subversive sur l'identité française », où l'auteur, sorte d'Ivanhoé parisien (il ne méprise point, on peut ici en jurer, de fréquenter le Café de Flore, où le djihadiste est rare), « s'attaque de front à tout ce qui menace la démocratie française et la cohésion nationale : le consensus mou et le politiquement correct, le

---

15 « Ivanhoé Rioufol des croisades », <http://consanguin.blogspot.com>, 11 février 2008.

communautarisme et l'islam politique extrémiste ». Et le titre de ce fort volume dit à lui seul, très sobrement, l'intime conviction du bloc-noteur d'être un héros d'une très improbable armée des ombres : *Chroniques d'une résistance*[16].

Sans relâche, Ivan Rioufol continue depuis à lancer toutes les semaines ses ahurissantes imprécations antimusulmanes et ses atterrants appels à contenir l'immigré et à bouter le communiste (à moins que ce ne soit l'inverse). Alors même que, dans la France réelle, soumise à la frénésie sécuritaire, c'est la droite – et non, donc, une quelconque gauche multiculturaliste – qui règne sans partage et qui compte même dans ses rangs le propriétaire du journal où Rioufol publie ses prêches exaltés. Une droite qui « ose » et qui, par exemple, jamais n'a hésité à stigmatiser, par la voix de son plus haut héraut, la « racaille » banlieusarde et les mahométans égorgeurs de moutons.

Dans la vraie vie, en somme : Ivan Rioufol n'en finit jamais d'appeler de ses vœux la restauration, pour la France, d'une droite versaillaise dûment dure aux gueux, aux rouges et aux étrangers, sans bien voir, semble-t-il, qu'une telle droite est d'assez longue date aux affaires et lui assure, même, ses fins de mois.

---

16 Ivan RIOUFOL, *Chroniques d'une résistance. Bloc-notes des années 2003-2004*, Éditions du Rocher, Paris, 2005.

Philippe Val,
le Torquemada de Radio France

par Mona Chollet

« Nous ne sommes quand même pas des braqueurs de banques ! », s'indigne Jean-Luc Hees (*TéléObs*, 14-20 mai 2009), tandis que Philippe Val, de son côté, s'étonne : « Je n'ai pourtant pas vendu de beurre aux Allemands ! » (*Télérama*, 30 mai 2009). Que les deux hommes en soient réduits à ces piteuses protestations dit assez le climat qui entoure, en ce printemps 2009, leurs nominations respectives à la tête de Radio France et de France Inter.

Pas encore revenu de la fabuleuse efficacité de son entregent, Philippe Val ne résiste pas à la tentation d'en révéler tous les ressorts au *Monde* (18 juin 2009). Or donc, en janvier, son vieil ami Hees, au cours d'un déjeuner, lui confie son désir de postuler à la présidence de Radio France et lui fait miroiter la direction de France Inter. Ni une ni deux, le patron de *Charlie Hebdo* rapporte ce projet à son amie Carla Bruni-Sarkozy, qu'il a connue à l'époque où elle était la « femme de son pote », le philosophe Raphaël

Enthoven ; ensemble, ils ont passé « des dizaines de soirées à rejouer le répertoire des grandes chansons françaises ». Celle-ci, à son tour, souffle l'idée à l'oreille de son époux qui, jusque-là, « n'y avait pas pensé ». Et qu'on n'aille pas parler de copinage : aux yeux du directeur de *Charlie Hebdo*, cette intronisation, conséquence naturelle de sa cooptation par les autres grands esprits de son temps, ne fait que réaliser son destin, qui est de siéger parmi les importants, et d'assumer sa part des responsabilités qui leur incombent.

Intolérance à la contradiction

Soupçonnés d'avoir été placés à Radio France pour garantir la docilité de la rédaction – et en particulier pour mater Stéphane Guillon, dont l'humour n'a pas l'heur de plaire à l'Élysée –, Hees et Val, comme il se doit, multiplient les fières rodomontades. Ils clament leur incorruptible intégrité et leur farouche indépendance à l'égard de tous les pouvoirs, sujet d'ébaudissement pour leurs proches depuis qu'ils sont tout petits, tout en se ménageant quelques échappées dialectiques destinées à préparer le terrain pour leur future besogne.

Ravages de l'« ouverture » obligent, le débat public pullule, depuis quelque temps, de ces déploiements d'acrobaties rhétoriques destinés à sauver la face, à maquiller toutes les turpitudes et tous les retournements de veste, sur l'air de « Non, je n'ai pas changé ». Philippe Val, qui vient seulement de prendre ses fonctions à l'heure où ces lignes sont écrites [1], excelle d'ores et déjà dans cet exercice. Il faut dire qu'il a de l'entraînement : voilà des années qu'il doit se livrer à d'incessantes contorsions pour justifier, y compris à ses propres yeux, des reniements de plus en plus massifs. « L'impertinence n'est pas un problème dès lors qu'elle est pertinente, que l'humour n'est pas salissant, explique-t-il dans *La Croix* (17 juin 2009). On peut rire et avoir honte de ce rire. Personnellement, je ne suis pas partisan de ce rire-là. J'en discuterai avec Stéphane Guillon. On ne peut pas construire ses programmes sur la seule impertinence. » On le voit, la philosophie, dont le goût a valu à l'ancien chansonnier l'amitié d'autres monuments de la pensée tels que Raphaël Enthoven ou Bernard-Henri Lévy, constitue un recours précieux dans la tâche difficile qui est la sienne.

Sa position est particulièrement délicate. Avoir pour mission de tacler un trublion et de sabrer les têtes qui dépassent, quand on vient de *Charlie Hebdo* et que, par-dessus le marché, on a passé des mois entiers à bramer sur toutes les antennes, à propos des fameuses caricatures danoises de Mahomet publiées dans son journal, que la liberté d'expression est la clé de voûte de la démocratie, il faut reconnaître que ça n'a rien d'évident. Heureusement, Val, qui fait une intolérance à la contradiction comme d'autres en font au gluten, a vu venir de loin le retour du boomerang des caricatures et il a, autant que possible, assuré ses arrières. Il peut compter sur ses amis, qui disposent de multiples tribunes médiatiques, pour lui apporter leur soutien dans sa croisade en faveur de la liberté d'expression des bons – lesquels, dans

1 Entre le début et la fin de la rédaction de ce portrait, notre épigone de Voltaire aura déjà réussi à retirer la revue de presse à Frédéric Pommier, apparemment coupable d'avoir trop cité *Siné Hebdo* à l'antenne…

son univers mental, d'une complexité vertigineuse, s'appellent les « démocrates » –, les méchants étant les « nazis » (ou les gauchistes, mais c'est la même chose).

Dès le mois de mars, Raphaël Enthoven expliquait dans *L'Express* (13 mars 2009) que rire aux chroniques de Stéphane Guillon, c'était mal et que, d'ailleurs, Simone Weil elle-même l'avait écrit quelque part. Un raisonnement alambiqué l'amenait à la conclusion troublante, mais indiscutable, puisque marquée du sceau de l'expertise philosophique, que Guillon était un « clown censeur ». Quant à Caroline Fourest, la « meilleure spécialiste de l'islam de tout son immeuble [2] », engagée par Val, avec Fiammetta Venner, pour sensibiliser le lectorat de *Charlie* aux périls que l'axe stalino-islamiste fait peser sur notre belle République, elle expliquait doctement, dans sa chronique du *Monde* (5 décembre 2008), qu'il existe une « division au sein de la presse satirique entre, d'un côté, celle qui veut fortifier la démocratie et, de l'autre, celle qui s'en moque, voire celle qui la vomit ».

Le « politiquement correct » du nouveau Charlie-Hebdo

C'en fut trop pour Cavanna, réfugié depuis des années dans un silence perplexe et impuissant face à la dérive de son journal. Il lui répondit, dans *Charlie* (17 décembre 2008), par une chronique amère, cinglante et superbe : « Ce ne sont plus les combattants, mais leurs

---

2 « Reviens, Voltaire, y a du pudding pour le dessert », *Le Blog de Philippe V., éditorialiste martyr*, 28 octobre 2008.

cendres qu'elle [Fourest] départage et classe en infantiles bêtes et méchants, d'une part, et vivifiants démocrates au rire perlé, de l'autre. Il n'y a plus de bêtes et méchants. Rien que du bon chic. [...] En cet été 92, quand, dans l'enthousiasme, fut relancé *Charlie Hebdo*, l'accord était unanime, le propos clair et sans ambiguïté : l'esprit "bête et méchant" renaissait dans toute sa fougue, dans toute sa virulence, et s'interdisait, entre autres, toute complaisance envers quelque faction politique que ce soit. L'ambition, cette gueuse papelarde, était tapie au cœur même de cette joie. [...] Ce que je fous là, moi, dinosaure bouffé aux mites, sur mon tas de décombres ? On me le fera bientôt savoir je pense. [...] On ne fait plus un journal parce qu'on étouffe du besoin de dire des choses, mais parce que c'est un escabeau vers les hautes fonctions de l'État. L'humour est toléré, la bouche en cerise, le cul béant, des gros mots et des grosses bites tant que vous en voudrez, mais attention, politiquement correct. On ne rit pas du SDF. On le regarde crever, mais on ne rit pas. C'est ainsi qu'on fait des carrières, pas des légendes. »

Suprême délicatesse : le texte de Cavanna fut soumis avant parution à Fourest, afin qu'elle puisse lui répondre dans le même numéro, et donc avoir le dernier mot. C'est qu'à *Charlie*, on est depuis longtemps passé maître dans l'art de circonvenir les ancêtres trop remuants. On ne rechigne même pas, à l'occasion, à faire parler les morts. Philippe Val, dans son livre *Reviens, Voltaire, ils sont devenus fous*, rapporte une conversation avec Gébé, qui, « quelques jours avant qu'il ne tombe malade », alors qu'ils se retrouvaient tous les deux à la machine à café, lui aurait rendu hommage en ces termes : « Je te remercie pour ce que nous vivons depuis toutes ces années. Sans toi, tout ça n'aurait pas été possible. » Et Val commente : « J'ai vu qu'il était ému et qu'il exprimait quelque chose qui lui tenait à cœur. Je ne me pose jamais la question de savoir si *Charlie* aurait ou non été possible sans moi. [...] Mais le remerciement de Gébé m'a rendu justice et je lui en sais gré [3]. » Étrange besoin de revendiquer l'adoubement de cette personnalité aux antipodes de la sienne, intègre et discrète, qui semble lui avoir toujours inspiré un mélange de mépris et de complexes, et dont le nom ne dira sans doute rien à la plupart de ses nouveaux lecteurs. Pour qui connaît un tant soit peu les rapports entre les deux hommes, la scène est hautement improbable. L'avantage, c'est que Gébé, mort en 2004, n'est plus là pour démentir – contrairement à Cavanna, qui s'est élevé avec force contre des propos que Val lui prête, dans le même livre, à propos du renvoi fracassant, à l'été 2008, d'un autre « historique » de *Charlie*, le dessinateur Siné.

L'insolence, à *Charlie Hebdo*, n'est en effet plus qu'une pose, une posture, un ersatz. La jeune garde, après s'être insurgée en vain, autour de 1999-2000, contre l'évolution que son patron commençait à imprimer au journal, a dû plier l'échine. Anne Kerloc'h a été licenciée. Olivier Cyran a préféré claquer la porte. Charb et Luz ont réfugié leur irrévérence dans une surenchère scatologique inoffensive et dépolitisée, tout en grappillant des miettes de la nouvelle notoriété médiatique de leur patron. Le message d'adieu, publié le 13 mai 2009 dans *Charlie*, d'une partie de l'équipe à son directeur, montre qu'à force de couleuvres avalées, ses collaborateurs n'ont plus rien à lui envier dans l'art d'affubler la servilité des oripeaux de l'indépendance : après lui avoir copieusement ciré les pompes, ils prennent devant lui,

---

3 Philippe Val, *Reviens, Voltaire, ils sont devenus fous*, Grasset, Paris, 2009.

qui, affirment-ils, « déteste par-dessus tout la démagogie », l'« engagement solennel que [leurs] langues ne râperont le cul de personne »...

« Je ne sais pas pourquoi on dit autant de conneries sur moi », peste Val dans *Télérama*. À première vue, les « cons », « conneries », « connards » qui émaillent son vocabulaire fleurent bon leur *Charlie* joyeusement subversif, eux aussi. À y regarder de plus près, cependant, ils dénotent plutôt le mépris arrogant dont il accable la terre entière. En proie à ce que l'on pourrait appeler un *arrivisme panique*, l'éditorialiste, tel un chauffard grossier et sûr de son bon droit, abreuve d'injures tous ceux qui lui semblent se mettre, ne serait-ce que du bout de l'orteil, en travers de sa route. En général, il va au plus simple : il les traite d'antisémites. Pour avoir pointé le fait que l'avocat de *Charlie Hebdo*, Richard Malka, qui a défendu le journal dans l'affaire des caricatures de Mahomet, était aussi celui de la chambre de compensation luxembourgeoise Clearstream, et orchestrait à ce titre le harcèlement judiciaire du journaliste Denis Robert, Weronika Zarachowicz, de *Télérama*, s'est vu comparer, dans un éditorial incendiaire (*Charlie Hebdo*, 25 juin 2008), aux auteurs du faux antisémite *Les Protocoles des sages de Sion*. Quant au site Backchich.info, il « actualise et adapte sur Internet les méthodes glorieuses de *Je suis partout* », estime Val dans *Reviens, Voltaire...* : furieuse, l'équipe l'a attaqué en justice. Un rapprochement pleinement justifié, pourtant : Bakchich s'était rendu coupable de complaisance envers Siné dans le conflit qui l'opposait à son patron ; un crime, il faut l'admettre, au moins aussi grave qu'en son temps la collaboration de *Je suis partout* avec l'occupant nazi.

À l'été 2007, Val s'en prenait cette fois aux militants de « France Palestine », qu'il traitait de « gros connards » habités par la « haine des Juifs, de l'Amérique et de la démocratie en général », en raison de leur supposée complaisance à l'égard du colonel Kadhafi (*Charlie Hebdo*, 1er août 2007). L'association venait d'adresser un courrier à la secrétaire d'État aux droits de l'homme, Rama Yade, pour protester contre la visite officielle en France du dirigeant libyen – mais on ne peut pas tout savoir, n'est-ce pas ? Quelques mois plus tard (2 avril 2008), il s'excusait du bout des lèvres : « J'admets bien volontiers que ces propos ne concernaient pas France Palestine Solidarité (AFPS). » Sauf qu'il n'y a pas d'autre association appelée « France Palestine »... Enfin, bon : ce ne sont que quelques va-nu-pieds de militants propalestiniens, en même temps. L'avantage, quand on est du côté du manche, c'est qu'on peut faire et refaire indéfiniment la preuve de son incompétence et de sa malhonnêteté, sans jamais devoir en subir les conséquences.

« Les vrais éditorialistes sont comme ça »

Dans *Reviens, Voltaire...*, qualifié par son éditeur de « document exceptionnel » (certes ; reste à savoir ce qu'il documente), Philippe Val prévient : « Il faut toujours se méfier de la tristesse disgracieuse des curetons. Avec le religieux jovial, il y a toujours moyen de s'entendre. Avec celui qui arbore toute la morgue du gardien de l'ordre universel, on peut s'attendre à tout. Y compris aux crimes les plus horribles, qu'il commanditera en faisant semblant de ne pas voir la contradiction avec l'amour, la justice et la vertu qu'il prêche. » On a du mal à ne pas voir dans ces lignes un saisissant autoportrait, tant le personnage, à sa manière, respire le fanatisme. Sauf qu'avec lui, le sujet tabou, intouchable, celui qui lui fait perdre tout humour, ce n'est pas Dieu : c'est lui-même, la défense de ses intérêts personnels se confondant de plus en plus étroitement, dans son esprit, avec celle de l'ordre établi.

Ses anciens amis, à l'époque, vers la fin des années 1990, où *Charlie Hebdo* était un petit frère turbulent du *Monde diplomatique*, ont beau jeu d'exhumer ses écrits passés. Ceux, par exemple, où il qualifiait Bernard-Henri Lévy d'« Aimé Jacquet de la pensée » (*Charlie Hebdo*, 27 mai 1998) – dans sa bouche, ce n'était pas un compliment. Ou l'éditorial, intitulé « Les perroquets du pouvoir » (19 novembre 1997), dans lequel il rendait compte avec enthousiasme, à sa parution, du livre de Serge Halimi *Les Nouveaux Chiens de garde* : il jugeait certains passages « à hurler de rire », en particulier le chapitre « Les amis de Bernard-Henri », qu'il conseillait de « lire à haute voix entre copains ».

Dix ans plus tard, Val est devenu, à son tour, un « ami de Bernard-Henri ». « De mon point de vue, il a toujours été du bon côté », le défend-il dans son livre. Il vante « sa droiture, son immédiate disponibilité dès qu'il en perçoit la nécessité, sa loyauté et, contrairement à la rumeur, la facilité avec laquelle on peut travailler avec lui ». BHL, à son tour, a estimé dans sa chronique du *Point* (13 novembre 2008) que *Reviens, Voltaire, ils sont devenus fous* était une œuvre « dense, grave, qui prend à bras-le-corps quelques-unes des questions les plus essentielles, les plus aiguës de notre temps ».

Val, pour sa part, considère qu'il est resté fidèle à ses convictions : « La démocratie a toujours été mon échelle de valeur. Ma lutte n'a pas changé », affirme-t-il en introduction à son livre. On imagine le courage incommensurable qu'exige, en France aujourd'hui, la défense d'une cause aussi obscure. Cela traduit-il chez lui un profond amour du peuple ? Sûrement pas, quelle idée ! Depuis quand la démocratie a-t-elle un rapport quelconque avec le peuple ? Philippe Val méprise ce ramassis de beaufs (après tout, le mot a été popularisé par son ami Cabu...) condamnés à ne jamais connaître les hauteurs stratosphériques où plane un esprit d'exception tel que le sien ; il fustigeait, en 2000, ces « ploucs humains obtus, rendus courageux par la vinasse ou la bière locale qui leur gargouille dans le bide » (*Charlie Hebdo*, 14 juin 2000). Cela rend d'autant plus cocasse son indignation lorsque, dressant son portrait à l'occasion de sa nomination à la tête de France Inter, on ose suggérer que son arrivisme représente une trahison de ses origines : « Oui, je suis autodidacte. Oui, mon père est "boucher" et ma mère "coiffeuse", comme le rappellent certains. Que veut-on insinuer ? Que je ne suis pas assez bien né pour ce job ? » (*La Croix*, 17 juin 2009).

Cette foi chevillée au corps l'a-t-elle conduit en 2005 à contester le projet de Constitution européenne en raison du « déficit démocratique », pour le dire pudiquement, des institutions communautaires ? Pas du tout : ayant bien vu le jackpot que représentait une telle cause en termes de respectabilité, il a au contraire fait campagne tous azimuts pour le Oui ; c'est même ce qui lui a valu la reconnaissance de BHL. Sa vigilance l'amènerait-elle à s'émouvoir des circonstances de sa propre nomination à la tête de France Inter, plus dignes d'une République bananière – et encore : on craint, en disant cela, d'offenser les Républiques bananières – que de cette démocratie pour laquelle il se battrait jusqu'à son dernier souffle ? Non, non, non. Rien de tout ça. Outre que le mot a l'avantage de faire sérieux, voire pompeux, et d'inspirer un respect immédiat, la démocratie, telle qu'il la conçoit, c'est le « despotisme des éclairés », comme l'observe Pierre Rimbert (*Le Monde diplomatique*, juin 2009), qui cite ces propos tenus en octobre 2008 devant les élèves du Conservatoire national supérieur d'art dramatique de Paris : « Nous sommes représentants. Parce que nous parlons à la place des gens. Comme dit Deleuze, l'écrivain parle pour les bêtes. » (Eh, oui : il arrive que la citation approximative et la diffamation, deux sports que notre homme pratique avec une égale assiduité, tendent à se confondre.) Caroline Fourest approuve. Rendant compte sur son blog (3 janvier 2007) d'un livre de son patron, elle écrit : « Il tutoie Spinoza, vit le 11 Septembre comme le conflit entre Spartes [*sic*] et Athènes, pense tous les jours à l'affaire Dreyfus. Les vrais éditorialistes sont comme ça. Ils doivent éclairer sans cesse ceux que le feu de l'actualité immédiate aveugle. »

À l'image de ces immigrés qui deviennent racistes par désir de « refermer la porte derrière eux », Val l'autodidacte professe un élitisme forcené. Dans sa chronique déjà citée, Cavanna déplorait le changement qu'il avait introduit dans la composition de l'équipe de *Charlie* : « Ce n'est plus chez les fils de garde-barrière, de maçon, de fille perdue, chez les petits boulots formés tout seuls qu'on recrute, mais chez les rigolos d'HEC, de Zig-Et-Puce ou je ne sais quel autre sigle à la con (je hais les sigles). » Tel le bourgeois gentilhomme de Molière, Val voue en effet une fascination béate à tout ce qui lui semble paré de l'autorité de la culture ; mais ce qui l'intéresse, dans « autorité de la culture », c'est davantage « autorité » que « culture ». La philosophie, non comme instrument de connaissance et de réflexion (ses syllogismes grotesques ne valent pas un clou à cet égard), mais comme posture valorisante, comme tapette à mouches, comme instrument d'enfumage et d'intimidation. Les accusations d'antisémitisme, non par réelle préoccupation antiraciste, non par refus de toutes les stigmatisations, mais pour leur inégalable efficacité lorsqu'on souhaite dégommer un contradicteur à moindre frais.

Le grand art du verrouillage

Avec Alain Finkielkraut, le « philosophe » qui trouve qu'il y a trop de Noirs dans l'équipe française de football[4], Philippe Val partage l'obsession de l'antisémitisme et la détestation d'Internet. Deux traits distinctifs dont on pourrait penser de prime abord qu'ils ont peu à voir l'un avec l'autre, mais qui traduisent un même désir de cadenasser une position dominante en réduisant au silence tous ceux qui pourraient la menacer.

Les deux thèmes ont d'ailleurs été réunis dans une affaire qui, il y a quelques années, a fait trembler (de rire) l'Internet français. Ce jour de janvier 2001, l'ordinateur de Philippe Val à *Charlie Hebdo* vient d'être raccordé au réseau. Le phare de la pensée, à l'époque gratifié par *Les Inrockuptibles* du titre de « meilleur éditorialiste de France », surfe donc pour la toute première fois (jusque-là, sa secrétaire lui imprimait ses e-mails). Mauvaise pioche : il tombe sur un article du site Uzine[5] dans lequel un certain Arno

4 « On nous dit que l'équipe de France est adorée par tous parce qu'elle est "black blanc beur", en fait aujourd'hui elle est "black black black", ce qui fait ricaner toute l'Europe. Si on fait une telle remarque en France, on va en prison, mais c'est quand même intéressant que l'équipe de France de football soit composée presque uniquement de joueurs noirs » (*Haaretz*, 18 novembre 2005).

5 « *Charlie* se fait cobrander », Uzine, 10 janvier 2001.

décortique sans pitié la mauvaise foi avec laquelle il avait tenté cette semaine-là de justifier aux yeux du lectorat de *Charlie*, très hostile à la publicité, l'instauration d'un échange régulier d'encarts promotionnels avec *Libération*. Il entre alors dans une rage folle ; les témoins craignent de le voir balancer son ordinateur par la fenêtre.

Le mercredi suivant (17 janvier 2001), les lecteurs de *Charlie* découvrent un éditorial intitulé « Internet, la Kommandantur libérale », qui sera suivi d'un autre, tout aussi délirant, quinze jours plus tard. On y lit que, si Internet avait existé en 1942, « les résistants auraient tous été exterminés en six mois, et on pourrait multiplier par trois les victimes des camps de concentration et d'extermination ». De l'article d'Arno, Val, bien sûr, ne souffle mot : s'il a choisi de traiter de ce sujet, dit-il, c'est parce qu'on lui demande souvent pourquoi *Charlie* n'a pas de site... Qu'il soit capable d'identifier sa position de patron de presse critiqué par un lecteur à celle des résistants et des déportés des années 1940 dit bien, par son indécence, le peu de consistance que revêtent au fond, à ses yeux, ses références incessantes à la Seconde Guerre mondiale. L'épisode pourrait servir d'emblème à la façon dont la petite clique de maîtres à penser à laquelle il se flatte désormais d'appartenir foule aux pieds les enseignements de l'histoire, et les détourne pour les mettre au service à la fois de ses privilèges et d'un verrouillage de l'ordre du monde.

Philippe Val a mérité ses galons. Il maîtrise à la perfection la technique qui permet ce verrouillage : celle du « certes, mais ». C'est très facile : il s'agit, lorsqu'on évoque une situation d'injustice ou d'oppression, de concéder rapidement, d'entrée de jeu, ou mieux, dans une incise, au détour d'une phrase, que certes, tout cela est bien triste, avant d'en venir au vrai sujet et d'expliquer en long et en large que, cependant, il y a pire, ou que cela n'est quand même pas aussi grave que les dérapages de certains défenseurs de cette cause. Ainsi, on lit dans *Reviens, Voltaire...* : « Jamais la colonisation n'a voulu exterminer un peuple comme l'a planifié le nazisme, mais au contraire le garder en vie pour, entre autres choses, l'exploiter, *ce qui est ignoble, certes, mais*, etc. » Ou encore : « Aussi graves que soient les erreurs commises lors des guerres récentes par les États-Unis [on admirera au passage le doigté dans l'euphémisme], elles ne relèvent pas d'une logique coloniale. » Ce procédé génial, dont on doit l'invention à Pascal Bruckner, a pour effet de circonscrire les injustices dans le débat public, exactement comme elles sont circonscrites dans la syntaxe du discours que l'on tient à leur sujet. Il permet d'empêcher qu'elles accèdent réellement à la conscience des citoyens, et assure leur perpétuation indéfinie en les mettant à l'abri de toute contestation sérieuse. Par sa perversité, cette rhétorique suscite le désespoir chez beaucoup de ceux qui sont sensibles aux causes concernées, et peut pousser certains d'entre eux à la radicalisation ; si bien qu'elle tend à agir comme une prophétie autoréalisatrice.

Dans son zèle à défendre la politique israélienne, Val répète qu'Israël, après tout, est « une démocratie ». La « Démocratie », dans sa bouche et sous sa plume, comme pour ses nouveaux amis, n'est pas une conquête fragile, nécessitant une vigilance constante, mais une notion quasiment ethnique, une actualisation de ce qu'était le concept de « civilisation » dans la pensée coloniale. Une démocratie, quoi qu'elle fasse, est intrinsèquement vertueuse. Bizarrement, l'existence d'un système de protection sociale est elle aussi susceptible de remplir cette fonction magique. À ceux qui, lors du procès des caricatures de Mahomet, ont fait valoir que la publication de ces dessins au Danemark traduisait surtout la dérive raciste de ce pays, Val répond : « J'aimerais simplement qu'on me prouve que le Danemark, au système social si séduisant, est aussi le pays dont le fascisme serait la spécialité, comme la moutarde à Dijon. » Peu importe que la presse regorge de reportages sur le climat inquiétant qui y règne [6] : Val persiste à ne voir dans le Danemark que le « seul pays d'Europe occidentale à avoir refusé de livrer les Juifs aux nazis ». Concédant tout juste l'existence de « quelques dizaines d'abrutis » néonazis, il argue : « Toutes les sociétés démocratiques vivent avec des ennemis mortels réfugiés dans les plis de leur tolérance [7]. » À ces « quelques dizaines d'abrutis », il faut ajouter, depuis l'automne 2008, Kurt Westergaard, l'auteur de la caricature représentant Mahomet avec une bombe dans son turban, érigée par *Charlie Hebdo* en symbole des libertés démocratiques : en septembre, ce dessinateur, que Caroline Fourest avait décrit dans les colonnes de l'hebdomadaire comme « plutôt anarchiste », « libertaire », « amoureux des libertés et donc un peu enragé à l'égard des religions », était l'invité vedette du congrès du Parti du peuple danois, classé à l'extrême droite.

Dans la vision du monde de Val, il y a donc d'un côté l'Occident, forcément « démocratique », éclairé et civilisé, et de l'autre les « dictatures », en général arabes. Que les Arabes n'aient pas tous le bon goût de vivre en démocratie est déjà rédhibitoire et dénote, sans surprise, la navrante passivité de

---

6 Voir par exemple : « Il y a quelque chose de raciste au royaume du Danemark », *Libération*, 13 février 2006.

7 Philippe Val, *Reviens, Voltaire..., op. cit.*

l'indigène ; mais en outre, Philippe Val estime que, quand c'est le cas, c'est de la confiture aux cochons : dans ces pays-là, grouillants d'une répugnante populace fanatisée, « l'illettrisme massif vide de sens les consultations électorales », dit-il dans son livre. Par « illettrisme », il entend sans doute l'incapacité à lire Voltaire et Raphaël Enthoven dans le texte.

Au début de la seconde Intifada, l'éditorialiste déplorait que les Palestiniens ne se conduisent pas « comme des gens civilisés » (*Charlie Hebdo*, 13 décembre 2000). Au cours de la guerre du Liban de l'été 2006, il écrivait dans *Charlie* (26 juillet 2006) : « Si l'on regarde une carte du monde, en allant vers l'est : au-delà des frontières de l'Europe, c'est-à-dire de la Grèce, le monde démocratique s'arrête. On en trouve juste un petit confetti avancé au Moyen-Orient : c'est l'État d'Israël. Après, plus rien, jusqu'au Japon. [...] Entre Tel-Aviv et Tokyo règnent des pouvoirs arbitraires dont la seule manière de se maintenir est d'entretenir, chez des populations illettrées à 80 %, une haine farouche de l'Occident, en tant qu'il est constitué de démocraties. » Toujours malveillant, le mensuel *Le Plan B* (octobre 2006) s'est renseigné : en 2003, selon les Nations unies, « entre Tel-Aviv et Tokyo, le taux d'illettrisme était de 23 % en Iran, de 9 % en Chine, de 7 % aux Philippines. Et... de 13 % au Liban. Mais c'était avant que les écoles y soient (à nouveau) "frappées" par les amis lettrés de Philippe Val et de *Charlie Hebdo* ».

Instruit d'un tel fatras de préjugés, on a du mal (ou encore plus de mal) à croire que, dans l'affaire des caricatures, c'est bien de défense de la liberté d'expression qu'il s'agissait. Dans *Reviens, Voltaire...*, Philippe Val, ébloui par le prestige de ses nouvelles amitiés et des cercles où il fraie désormais, raconte ingénument comment Richard Malka et lui ont briefé Claude Lanzmann, un soir, au restaurant (Jean-Pierre Elkabbach dînait à la table voisine), avant son témoignage en faveur de *Charlie Hebdo* au procès des caricatures de Mahomet : « Il ne faut pas, explique-t-il, que son autorité morale soit brouillée par le soupçon que son attachement à l'État d'Israël puisse infléchir son jugement. »

Agiter le spectre de l'islamisation

Les occasions ne manquent pas de défendre la liberté de la presse ou la liberté d'expression. N'en déplaise à Philippe Val, si la France, d'après Reporters sans frontières, détient depuis 2007 le record européen des interventions policières ou judiciaires contre des journalistes, ce n'est pas tant grâce aux « intégristes » que grâce au nouvel homme de son amie Carla. Mais, si les innombrables atteintes à ces droits ne suscitent pas un émoi de même envergure que l'affaire des caricatures de Mahomet, c'est parce que cette dernière joue sur un ressort bien particulier : celui de la menace identitaire, de la peur de l'invasion. Elle suppose et renforce l'idée – totalement fantaisiste, faut-il le préciser – que les « intégristes » auraient la capacité d'islamiser la France, de lui imposer leur loi. Ce scénario inepte, dont l'extrême droite, depuis le 11 septembre 2001, n'a plus l'apanage, offre un exutoire à tous ceux que l'évolution de la France et du monde, pour des raisons diverses, et quels que soient leur classe sociale ou leur niveau d'instruction, plonge dans le désarroi. Il leur désigne un bouc émissaire, leur permet de ressortir du placard le langage héroïque de la « résistance », et leur procure un irremplaçable petit frisson de peur et d'excitation mêlées.

Caroline Fourest, qui n'intéressait personne à l'époque où sa seule cible était l'intégrisme chrétien, l'exploite avec bonheur. On peut n'avoir aucune sympathie pour Tariq Ramadan, et être néanmoins saisi de dégoût devant le sensationnalisme à trois francs cinquante de la biographie approximative qu'elle lui a consacrée. Pour mieux faire trembler dans les chaumières, elle y emploie à chaque page les adjectifs « inquiétant », « sinistre », « effrayant », « terrifiant » (variante : « guère rassurant »), ou les expressions « à faire frémir », « à faire froid dans le dos », « à glacer le sang », etc., et ose des métaphores plus ou moins heureuses : les Frères musulmans, écrit-elle, sont « une matrice infernale dont les tentacules diffusent encore aujourd'hui l'intégrisme aux quatre coins du monde [8] »...

Reposant sur ce présupposé plus ou moins implicite de ce que l'extrême droite appelle la « colonisation à rebours », il est inévitable que la focalisation obsessionnelle sur l'intégrisme musulman révèle, tôt ou tard, sa xénophobie et son racisme foncier. Ainsi, en juin 2008, Caroline Fourest était envoyée par *Charlie Hebdo* aux Pays-Bas, afin de rencontrer un autre martyr de la liberté d'expression : le caricaturiste Gregorius Nekschot. Celui-ci était l'auteur de dessins où l'on voyait, par exemple, un Arabe assis sur un pouf, avec cette bulle : « Le Coran ne dit pas s'il faut faire quelque chose pour avoir trente ans de chômage et d'allocs. » Ou un vieux baba cool néerlandais, braqué par un grand Noir, faisant le signe « peace and love » et disant : « Ce n'est que la seconde génération. » Ou encore ce « monument à l'esclavage du contribuable autochtone blanc » : un Néerlandais, chaînes aux pieds, portant sur son dos un Noir, bras croisés et tétine à la

8 Caroline Fourest, *Frère Tariq*, Grasset, Paris, 2004.

bouche. Ou encore un imam habillé en Père Noël et sodomisant une chèvre, avec pour légende : « Il faut savoir partager les traditions. » « Les musulmans doivent comprendre que l'humour fait partie de nos traditions depuis des siècles », déclare Nekschot à *Charlie Hebdo*. Fourest admet que l'« humour » de son nouvel ami « ne voyage pas toujours bien », mais explique qu'il doit être compris « dans un contexte néerlandais ultratolérant, voire angélique, envers l'intégrisme ». Car enfin, si l'on n'a plus le droit, dans son propre pays, de critiquer l'immigré parasite et voleur, ou de blasphémer contre le bougnoule baiseur de chèvres, c'est tout l'héritage des Lumières fondateur de la démocratie qui vacille.

Pour un Philippe Val, agiter le spectre de l'islamisation permet de hurler avec les loups, de flatter les plus bas instincts des foules, tout en se prenant pour Jean Moulin. Après l'affaire des caricatures, il publie un *Traité de savoir-survivre par temps obscurs*[9]. Il y a tout lieu de s'inquiéter pour sa survie, en effet, car il paie au prix fort son courageux engagement au service de cette cause ingrate. Pour le punir d'avoir osé les défier, les islamistes, qui, comme chacun sait, tirent toutes les ficelles en France, ont fait de sa vie un enfer. En tant qu'actionnaire largement majoritaire de *Charlie Hebdo* – avec Cabu –, la vente du seul numéro des caricatures, dont il affirme « ne pas savoir » combien elle a rapporté au journal (500 000 × 2, c'est trop dur, comme calcul), l'a contraint à acquérir une résidence secondaire avec piscine. Le film tourné sur le procès par Daniel Leconte – un autre de ses « potes », en charge de la propagande atlantiste sur Arte – lui a valu d'être affublé de force d'un smoking et traîné sur le

9 Grasset, Paris, 2007.

tapis rouge du Festival de Cannes. Enfin, ayant bien involontairement, avec cette affaire, prouvé sa valeur aux yeux du monde, il n'a eu d'autre choix que d'accepter le fauteuil de directeur de France Inter. Eh oui : la sauvegarde de nos libertés est à ce prix. Mais tant d'avanies ne lui ont rien fait perdre de son panache : il affirme gravement que si c'était à refaire, il le referait.

« Priorité absolue »... à l'ambition

Son seul regret : que tant de grands noms qui avaient autrefois défendu Salman Rushdie l'aient laissé tomber lors du procès des caricatures, créant ainsi de graves lacunes dans son carnet mondain. Ce qu'il qualifie, avec un chouïa d'exagération, nous semble-t-il, d'« incroyable retournement des intellectuels et des politiques », représente une « grande victoire pour les intégristes [10] ». Tristes émules que ceux de Salman Rushdie. Au départ, on avait un grand écrivain, désigné à une vindicte mondiale par un chef d'État doublé d'un guide spirituel. Aujourd'hui, n'importe quel gratte-papier qui, drapé dans les atours de sa haute culture, éructe quelques propos de comptoir sur l'islam et les musulmans se voit aussitôt bombardé gardien de la conscience universelle, au prétexte « qu'un adolescent djihadiste du 9-3 a lancé une fatwa contre lui sur son Skyblog [11] ». Dans *Le Figaro* (28 novembre 2005), Robert Redeker s'en prenait aux sociologues, accusés de nuire à l'intégration des sauvageons en répandant l'idée « qu'un vers de Racine

---

10 Philippe VAL, *Reviens, Voltaire...*, *op. cit.*

11 « La nausée », *Le Blog de Philippe V.*, 6 août 2008.

ne vaut pas mieux qu'un couscous » : le genre d'ânerie qu'on ne risque pas de rencontrer sous la plume d'un Rushdie.

Placé sous protection policière au moment de l'affaire des caricatures, Philippe Val raconte dans *Reviens, Voltaire...* comment il sillonne Paris, « toutes sirènes hurlantes », dans la voiture de ses anges gardiens : « On a priorité absolue, même les cars de flics escaladent les trottoirs pour nous laisser passer. J'ai ressenti là une petite ivresse de transgression qu'il serait malhonnête de ne pas avouer. » On le voit : cet homme vit dans la terreur. Certes, une catastrophe est toujours possible, et on n'est jamais trop prudent ; on aimerait seulement que d'autres individus menacés en raison de leurs prises de position bénéficient de la même faveur. On pense par exemple au cinéaste Eyal Sivan, à qui son travail sur la société israélienne et sur l'occupation a valu de recevoir, un jour de 2003, une lettre contenant une balle de 22 mm accompagnée de cet avertissement : « La prochaine n'arrivera pas par la poste. » Il a finalement quitté la France. « Qu'ils soient d'accord ou non avec moi, se gargarise Val à propos des policiers chargés d'assurer sa sécurité, ils avaient pour mission de faire en sorte que j'agisse et que je m'exprime en toute liberté : c'est là que l'on mesure ce que signifie "État de droit". » À l'évidence, la revendication du fameux principe voltairien, « je ne suis pas d'accord avec ce que vous dites, mais je me battrai jusqu'au bout, etc. », relève de la plus totale hypocrisie.

Autre gros avantage de la posture « anti-intégriste » : elle permet d'opérer l'union sacrée de tous les « démocrates » face à un danger supérieur qui les amène, dans leur immense sagesse, à transcender la peccadille de leurs petits désaccords. Autrement dit : elle permet de bouffer à tous les râteliers, tout en conservant une vague étiquette « de gauche », si agréable à l'ego. Caroline Fourest et Fiammetta Venner se sont ainsi attiré les faveurs de grands médias progressistes tels que *Le Point* ou le *Wall Street Journal* ; et le soutien apporté à *Charlie Hebdo* lors du procès des caricatures par Nicolas Sarkozy, alors ministre de l'Intérieur et candidat à l'élection présidentielle, a permis à Philippe Val de draguer en tout bien tout honneur dans les hautes sphères du pouvoir UMP. Pour cela, il a inventé un nouveau dispositif rhétorique, tout aussi ingénieux que ceux évoqués plus haut. Qu'on en juge : « Quant à moi, mes désaccords avec Nicolas Sarkozy sont suffisamment nombreux pour que je puisse reconnaître que, sur ce point précis [son soutien à *Charlie*], je suis désormais convaincu qu'il n'a pas joué double jeu. » Ou encore : « Le citoyen que je suis a bien assez de raisons politiques lourdes pour s'opposer à Sarkozy sans y ajouter cette accusation de double jeu. » (Non, bien sûr : à l'évidence, le président de la République, connu pour son inébranlable fidélité à sa parole, n'est pas assez basané pour maîtriser l'art du « double discours ».) Ces « raisons politiques lourdes » ne l'étaient quand même pas assez pour constituer le thème principal du livre « voltairien » de Philippe Val : il faut être un gauchiste angélique, ou un munichois, pour s'imaginer qu'on a du temps à perdre avec ces bisbilles, quand Ben Laden aiguise son cimeterre à l'ombre d'une grotte afghane ! Quels sont-ils, tout de même, ces fameux « désaccords » ? On en cherche un indice au fil des pages. Ah, voilà : Philippe Val est « indigné par la façon dont on traite les étrangers dans ce pays ». Bigre ! Les murs des centres de rétention s'en fissurent déjà.

Ainsi voit-on notre ambitieux esquisser les premiers entrechats minaudants d'un ballet savant, composé d'une suite d'hésitations et d'ouvertures, d'avancées et de reculades : Nicolas Sarkozy est mon adversaire politique – mais c'est un démocrate et je le respecte - mais c'est mon adversaire – mais je le respecte – mais c'est mon adversaire – mais je le respecte, etc. Sur quel pied se terminera la danse ? Le monde retient son souffle. Invité de l'émission de Pascale Clark « En aparté », sur Canal Plus, juste avant l'élection présidentielle, Val déclare : « Je voterai pour le candidat de gauche le mieux placé. Je voterai à gauche, parce que c'est ma famille. Je voterai, je pense, toujours à gauche, même si Nicolas Sarkozy me soutient encore dans d'autres procès d'ici les élections, si j'ai d'autres procès : je l'en remercie d'avance, mais je ne voterai pas pour Nicolas Sarkozy. » « Quel ingrat vous faites », plaisante Pascale Clark. Comme alarmé par cette remarque, Val l'interrompt, alors qu'elle est déjà passée à la question suivante, pour préciser encore : « Ça ne m'empêche pas d'avoir de l'estime pour son geste ! » « Je comprends », l'apaise alors l'animatrice [12].

Oh oui, en effet : *on comprend.*

---

12 Scène visible dans le montage d'archives réalisé par Pierre Carles, « *Charlie Hebdo* se fait hara-kiri », sur le site du *Plan B*.

Table

CPI
Bussière

Composition Facompo, Lisieux.
Impression réalisée par CPI Bussière
à Saint-Amand-Montrond (Cher)
en novembre 2009.
Dépôt légal : novembre 2009.
Suite du 1er tirage (2) : novembre 2009.
N° d'impression : 093359/1.
Imprimé en France